Y.4482

I0153760

Voir pages 49-59 et 63-64 du Recueil
de mémoires 21 sept. 1886
V. B.

IAN MAROT

DE CAEN SVR LES DEVX

heureux Voyages de Genes & Venife, victo=
rieufement mys a fin, Par le trefchreftien Roy
Loys Douziefme de ce nom. Pere du Peuple.
Et veritablement efcriptz par iceluy Ian Ma=
rot, alors Poete & Efcriuain de la trefmagnanî
me Royne Anne, Ducheffe de Bretaigne, &
depuys, Valet de chambre du trefchreftiê Roy
Francoys, premier du nom.

On les vent a Paris deuant Lefglife Saincte
Geneuiefue des Ardens Rue Neufue Noftre
Dame, A Lenfeigne du Faulcheur.

Auec Priuilege pour Trois Ans.

LE PRIVILEGE

Il est pmis a Pierre Roufet, dict le Faulcheur,
Marchant, Libraire demourant a Paris faire
imprimer ce present Liure. Et sont deffenses
faictes a tous aultres Libraires de ne simpri-
mer ne vendre aulcunement dedãs Trois Ans,
Sur peine Damende Arbitraire. Et Confisca:
tion des Liures, esquelz ilz auront mesprins.

In Iani Maroti Commendationem.

Ore loqui Latio penitus qui nescist. Vnus
Gallicus hic Vates, Gallica mira canit.

Epiſtre au Roy,de Clement Marot,
faiſant mention de la mort de Ian
Marot ſon pere,Autheur de ce Liure.

ON q̃ par moy ſoit arrogāce prinſe,
Non q̃ ce ſoit par curieuſe emprinſe
Deſcrire au Roy/pour tout cela ma
plume,
Dardant deſir de voller ne ſallume.
Mon iuſte dueil(ſeulement)la contrainɕte
De faire a vous(& non de vous) complainɕte,
Il vous a pleu/Sire/de plaine grace,
Bien commander quon me miſt en la place
Du pere myen,voſtre ſerf humble mort.
Mais la Fortune ou luy plaiſt/rit & mord
Mords elle ma,& ne ma voulu rire,
Ne mon nom faire en voz Papiers eſcrire,
Leſtat eſt faiɕt,les perſonnes rengees,
Le Parc eſt clos,& les Brebis logees,
Toutes fors moy/le moindre du troppeau,
Qui nay Toyſon,ne Laine ſur la peau.
Si ne peut pas grans los Fortune acquerre,
Quant elle meine aux plus foybles la guerre.
Las pour quoy donc a mon bõ heur ſoppoſe ?
Certes mon cas pendoyt a peu de choſe,
Et ne failloyt/Sire/tant ſeulement,
Queffacer Ian,& eſcrire Clement.
Or en eſt Ian par ſon treſpas hors mys,
Et puys Clement par ſon malheur obmys,
Ceſt bien malheur,ou trop grant obliance,
Car quant a moy,iay ferme confiance,
Que voſtre dire eſt vng diuin Oracle.

A ij

CLE. MAROT

Ou nul viuant n oferoit mettre obstacle,
Telle toufiours a este la parolle
Des Roys, de qui, le bruit aux astres volle.
   Ie quiers, fans plus/Roy de los eternel,
Estre heritier du feul bien paternel,
Seul bien ie dy, dautre nen eut mon Pere.
Ains fen tenoit fi content & profpere,
Quautre oraifon ne faifoit iceluy,
Fors que peufiiez viure par deffus luy.
Car vous viuant, toufiours fe fentoit riche,
Et vous mourant, fa terre eftoit en frifche.
   Si eft il mort ainfi quil demandoit.
Et me fouuient quant fa fin attendoit,
Quil me difoit, en me tenant la dextre.
   Filz/puis que Dieu/ta faict la grace deftre
Vray heritier de mon peu de fauoir,
Quiers en le bien/quon men ha faict auoir.
Tu congnois comme vfer en eft decent,
Ceft vng fcauoir tant pur & innocent,
Quon nen fauroit a creature nuyre.
   Par prefchemens le Peuple on peult feduyre
Par marchander, tromper on le peut bien,
Par Plaiderie, on peut menger fon bien.
Par Medecine, on le peut bien tuer,
Mais ton bel Art ne peut telz coups ruer
Ains en fcauras meilleur ouuraige tiftre,
Tu en pourras ditter Lay ou Epiftre,
Et puys la faire a tes Amys tenir.
Pour en lamour diceulx tentretenir.
   Tu en pourras traduire les Volumes,
Iadis efcriptz par les diuines plumes,
Des vieulx Latins, dont tant eft mention.

Apres tu peulx de ton inuention
Faire quelque oeuure/a getter en lumiere,
Dedans lequel en la fueille premiere,
Doibs inuocquer le nom du tout puissant,
Puys descriras le bruyt resplendissant
De quelque Roy ou Prince, dont le nom
Rendra ton oeuure immortel de renom,
Qui te sera (peut estre) si bon heur,
Que le proffit sera ioinct a lhonneur.
   Doncq pour ce faire, il fauldroit q̃ tu prinses
Le droit chemin, du seruice des Princes.
Mesine du Roy, qui cherit & practique,
Par son hault sens, ce noble Art poetique,
Va doncq a luy, car ma fin est presente.
Et de ton faict, quelque oeuure luy presente,
Le suppliant, que par sa grant doulceur,
De mon estat te face successeur.
Que pleures tu, puys que laage me presse?
Cesse ton pleur, & va ou ie t'adresse.
   Ainsi disoit le bon vieillard mourant,
Et aussi tost que vers vous fuz courant,
Plus fut en vous Liberalite grande,
Quen moy desir dimpetrer ma demande.
Ie limpetray, mais des fruictz ie ne herite,
Vray est aussi que pas ne les merite,
Mais bien est vray que iay diceulx besoing.
   Oi si le cueur que iay de prendre soing
A vous seruir, si ceste Charte escripte,
Ou du deffunct quelque faueur petite,
Ne vous esmeut (o Sire) a me pouruoir.
A tout le moins, vous y vueille esmouuoir,
Royal promesse, en qui toute asseurance,

                        A iii

Doibt confifter, la gift mon efperance,
Laquelle plus au Deffunct ne peut eftre.
Combiē ql eut double bien cōme vng Preftre,
Ceft affauoir Spiritualite,
Semblablement la Temporalite,
Son Art eftoit fon bien Spirituel,
Et voz bienffaictz eftoient fon Temporel.
  Or ma laiffe fon Spirituel bien,
Du Temporel/iamais nen auray rien.
Sil ne vous plaift le commander en forte,
Quobeiffance(a mon proffit)en forte,

Prologue de Ian Marot de Caen
a la Royne Anne.

L'EXPERIENCE CERTAINE
De Pardurable renommee, laquelle par les
frequentables Records de vertueux & memora
bles Actes, dõt refulcist & magnifie les humais
du hault don dimmortalite, les faisans viure de
vie seconde apres leur temporel trespas, a pro=
noque Royne incomparable deux fois diuine=
ment sacree Anne Duchesse de Bretaigne, le
foible sens de moy, le treshũble de voz treshum
bles subiectz ou seruiteurs a rediger en tel quel
mon rural & Maternel langaige, deux tres=
haultz/trespromptz/& quasi inestimables con
questz/obtenuz premierement par lassentemẽt
de limmése & indiuisible eternite. Apres par la
prouidéce personnelle cõduicte/heureuse felici
te & magnanime hardiesse du vostre Treschre=
tié tresinuincible iusticier & belliqueux Espoux
la descriptiõ desquelz la p̃miere est nõ enrichie
ne decoree de Rhetoricalle sentence, ou façõde
oratoire. Mais remplie de squalide & barbare
squabrosite. Contenãt neautmoins sans en riẽs
trespasser les metes de victorieuse verite/les cau
ses motiues/les tresdiligentes millitaires cõdui
ctes, & les debellatoires effectz de la sienne(&
doncques vostre)tresglorieuse & trestriumphã
te Victoire de Genes. Lequel oeuure indigne,
touteffois vostre grace liberalle & suppliante
a toute imbecillite & lourde rudesse, a desia dai
gne recepuoir/comme chose de value, voyre &

A iiij

PROLOGVE

ſoyr. Et commander eſtre poſe dedans le Rece-
ptacle ou Gazophile de voz aultres liures.
Neſt doncques de merueille ma pluſque treſ-
crainte & treſredoubtee Dame & Maiſtreſſe (ſe
dire ioſe) ſi voſtre incredible humanite, a dõne
hardement a lignorance de moy Ian Marot vo
ſtre humble Poete & Eſcriuain dourdir & tiſtre
ſelon mon ſtile inferieur & bas/lautre & ſecond
Cõqueſt compoſe, non deloquente ſtructure,
touteſſois de vraye hiſtorialle/& non fabuleuſe
narratiue, car a ce/ par voſtre treſbening com-
mandement. Iay preſentialement aſſiſte puis
le depart du Roy iuſques a ſon heureux & treſ-
deſire retour. Plaiſe vous doncques par leffect
de voſtre treſlouable Manſuetude acouſtumee
ne reiecter par raiſonnable refus, les quotidiés
labeurs de mon inſcience, deſquelz cõbien que
ne puiſſiez recueillir grant ſentence ou moral
enſeignemét. Touteſſois y pourres veoir (com
me a Loeil) ſil vous plaiſt les raiſonnables em-
prinſes, les treſſommaires pouruoyances, les
treſmagnanimes executions, le Hurtz & Com
batz, les Prinſes & Conqueſtes de voſtre treſ-
ayme, treſſame & treſuictorieux Mary. Auquel
& a vous la ſublimite Deifique, doint vie treſ-
longue & treſproſpere, & apres fruition de le-
ternelle & perpetuelle gloire.

Lors q̃ Mars veit affoiblir fes armes
Paix auoit lieu/ ceffer bruitz & va=
carmes,
Harnois mis ius/ fes eftãdars ployez,
Et fes vaffaulx neftre plus employez,
A demolir/ Villes Chafteaulx/ ne Murs,
Hors de lefpoir des triumphes futurs.
Il pourpenfa les facons & manieres,
Defufciter fes Souldars & Banieres,
Qui ia auoient efte par trop long temps
Oultre fon vueil fans debatz ou contens.
    Ainfi penfant furuint de fon hault trofne
Dame Pallas/ quaulcuns nomment Bellone,
Iadis conceue au cerueau Iupiter
Luy fuadant que fans plus arrefter,
Circunuolaft les nations Itales,
Qui de tous temps par deftinees fatales
Nauoient doubte en Champs/ Villes/ ne fors
De Hannibal les affaulx ny effors,
Du Preux Cefar les voyages loingtains,
Ny des Francoys les courages haultains,
Et quen ces lieux pourroit ietter fes dars
Pour employer fes bellicqueux Souldars.
    Mars enflambe aux perfuafions
De Bellona/ fans grans dilations
Decreta lors Litale regarder,
Pour veoir les lieux ou pourroit fuader,
Rebelion mouuant Guerre ciuile,
Qui ne leur fut grandement difficile/
Car commencant veoir partiallement,
Chafcune Itale apperceut promptement,
Fiers Geneuoys de leurs conditions,

LE VOIAGE

Sans Foy, fans Loy, plus quaultres Nations,
Aufquelz tranfmift fon grant ambaffadeur.
Peu de fcauoir, pere de toute erreur,
Acompaigne Dabus/Prefumption,
Qui firent tant vers cefte Nation,
Quen peu de temps y femerent Difcorde,,
Defchaffant Paix, nourice de Concorde,
Car ces vilains de faict & geniture,
Sur les gentilz demandoient prelature,
A tout le moins vouloiét quilz neuffent point,
De liberte/deuant eulx vng feul point.
Voyla comment pour iniufte querelle,
En leur Cite mifrent guerre mortelle,
Comme Cheuaulx fans Brides, & fans renes,
Couroient Vilains, par la Cite de Genes,
Qui les veoit les iugeoit, veu leurs geftes,
Befte fans tefte, ou Befte a plufieurs teftes,
Pople crians, pillerent & tuerent,
Nobles aucuns, quen chemin rencontrerent,
Parquoy conclud toute la gentileffe,
Sen plaidre au Roy, cóme au chef de nobleffe.
    Neffe pas donc vne chofe terrible,
Veoir cefte gent de mal incorrigible,
Auoir vefcu en Paix & fans fouffrance,
Par fi long temps, foubz le fceptre de France,
Que nulz viuans, de Royaulme ou Empire,
Ne leur ofoient riens demander ne dire.
Et maintenant entreulx mefmes fe battre,
Voyans nauoir a qui plus fe combatre?
    Comme iay dit les nobles decreterent
Venir au Roy/auquel ilz reciterent
Les grans exces/linfamye & loppreffe

Que les Vilains auoient faict a Nobleſſe
Luy remonſtrant queſtoit Patron & Maiſtre,
De vray Nobleſſe, & par ce il deuoit eſtre
Son Achilles/& total deffenſeur,
Ainſi que Frere eſtre doit pour la Seur.
Et d'autre part veu queſtoit leur Seigneur:
Deuoit venger leur honte & deſhonneur,
Luy ſuppliant qui luy pleuſt de ce faire,
Et de pourueoir a leur piteux affaire.

Adonc le Roy oyant leur altercas
Leur reſpondit, ientens bien voſtre cas,
Vous eſtes telz, & telz auez eſtez
Que voz maulx ſont aſſez manifeſtez,
Vous me nommez voſtre Seigneur & Maiſtre,
Et touteſſois ſubiectz ne voulez eſtre,
Ceſt declare que vous eſtes bien folz
De vous donner & vouloir eſtre a vous.
De bon conſeil Loys vnzieſme vſa,
Quant vous donnans a luy/vous refuſa,
Bien preueoyt quil faict mal auoir charge
D'enfans mutins qui ne craignent la verge,
Mais nonobſtant puis que ie vous ay prins
De laſchete, ie ne ſeray reprins,
Car ie feray congnoiſtre aux habitans
De la Cite, que Dix foys a Cent ans
N'eurent Seigneur qui euſt force & puiſſance
Pour les pugnir come vng ſeul Roy de France.

Adoncques Mars voyant guerre & rancune
Eſtre ſur Champs, commanda a Neptune
Ses Brigandins & Carraques armer
A fforce de perturber la Mer
Par Ventz Marins ſoufflans vndes & vagues,

LE VOIAGE

Au dieu Vulcan forger Voulges & Dagues,
Et appeller tous ses Archiers Lucains,
Au vieil Cacus/vray Moule des Vilains,
Larron de Beufz saillir de ses Cauernes,
Acompaigne des Deesses infernes,
Dame Clotho/Lachesis/Atropos,
Qui tous humains meurdrissent sans repos,
De congreger les Centaures qui feirent
Guerre a Saturne & qui le desconfirent
Affin que Paix fust aux diuins estres
Pour mieulx regir les regions terrestres.

En ce conflit/Genes/ia congnoissante,
Que le dieu Mars par fureur rauissante,
Auoit esmeu les nations Galicques,
Par tel effort que Voulges/dars & picques,
Artillerie & tous bastons de Guerre,
Auoient charge pour la mettre par terre
Print a penser nonobstant sa richesse,
Force & faueur, lors regarda Noblesse,
Puis Marchandise, & le Peuple ses filz,
Tous mutinez & en Guerre confiz,
Qui ia auoient en leurs cueurs & entrailles,
Seme discordz, & Ciuiles batailles,
Et les cuidant de motz arraisonner
Tel bruyt sourdit quon neust ouy Tonner,
Car chascun deulx y vouloit la main mettre,
Pour la regir/soy disant estre maistre,
Mais leur debat appaise & leur bruit,
Print a parler/disant ce qui sensuyt,

DE GENES. VII.

Comment Genes parle a Marchan=
dife,& au Peuple,principallement a
Nobleffe.

LEs miens Enfans qui dedans ma clofture,
Auez efte conceuz & eleuez,
Les vngs extraictz de Noble geniture,
Les autres non/neantmoins par nature,
Deue & Dadam tous origine auez,
Dont meft aduis que par raifon deuez
Vous entraymer dune amour fraternelle,
Guerre être amis trop pl⁹ quaultre eft mortelle

Ie dis cecy pour ce que toy Nobleffe,
As mal traicte ton frere Marchandife,
Lequel voyant que luy faifoye oppreffe,
Comme le ver, quant on le foule ou bleffe,
Ceft reuenge en vfant de main mife,
Donr toy voyant ta grant fierte foubmife
As prins recours foubz le fceptre de France,
Lombre du fort donne au foible affeurance.

Au Roy te plaintz luy donnant a entendre,
Ce quil te plaift nul ne te contredict,
Le prouoquant vengeance de moy prendre,
Mais fi le vray luy euffes faict comprendre,
A ta parolle euft mis peu de credit,
Ce nonobftant mettant foy a ton dit,
Paffe les montz pour gafter ma Prouince.
Faulx rapporteurs ne doit aymer vng Prince.

Tu quiers mon mal,& valoir né peulx mieulx

Dont par raiſon comparoir ie te vueil/
Au Malheureux & meſchant Enuieux,
Qui eſt content de perdre lung des yeulx,
Affin quaultruy perde lung & lautre oeil,
Or es tu tel, car dauoir peine & dueil,
Tu es content pour me veoir en miſere/
Denfant mauuais touſiours dolente mere,

Tu te dys noble & faitz oeuure vilaine,
Quil ſoit ainſi veulx tu tour plus Ruſticque
Que conſpirer aux ſiens mortelle hayne?
Tout gentil Cueur ſe dit la Loy humaine,
Pour ſon pays doit charger Lance/& Picque,
Nobles Romains pour la choſe publicque,
Corps/biens,& vie expoſoient en dangier,
Iamais Buzart ne fiſt tour deſparuier,

Pour te monſtrer dont vint ta gentileſſe,
Premier en fut Marchandiſe racine,
Qui tant forgea quelle engendra Richeſſe,
Et de recheſſe il ſuruint ta Nobleſſe,
Car de vertu ne print onc origine,
Vng chaſcun iour tu le monſtres par ſigne,
Quant dachapter,& de vendre tu oeuures,
Nobles ſont veuz aulx vertueuſes oeuures,

Regarde moy ſi les nobles de France
Font Marchandiſe en ſecret ou publicque,
Certes nenny,ains toute leur plaiſance
Eſt a vertu/a ſcience,& vaillance,
Ainſi quenfans de Nobleſſe auctentique,
Mais toy,ton ſens & toute ta praticque

Eſt Marchander a Meſure & a Poix,
Loyſeau touſiours retourne au chãt du Boys.

Lautheur en Rondeau.

Iſant ces motz ſa face coloree,
Print a bleſmir, & lors toute eſploree
Cuyda paſmer/car le Cueur luy faillit,
Et neuſt eſte que le Peuple ſaillit
Et Marchandiſe/elle feuſt expiree.

Mais les voyant vng peu fut aſſeuree,
Ce neantmoins tant eſtoit empiree
Quel ſe laiſſa tumber deſſus vng Lict
    Diſant ces motz.

Celle ie ſuis poure Dame eſgaree,
Dont la mort eſt par les ſiens conſpiree
Sans auoir faict aucun criſme ou delict,
Lors de rechef la face luy pallit
Criant vers eulx comme deſeſperee
    Diſant ces motz.

GENES.

O Marchandiſe & vous Peuple mes filz
Auſquelz de riens iamais ie ne meſſiz,
Penſez vous point en mon piteux affaire?
Voulez vous veoir, moy qui iadis vous feiz,
Tant opulens en Richeſſe confitz,
Deuant voz yeulx mettre ius & deffaire?
Voicy le Roy qui nul iour ne differe
Venir vers nous pour noſtre orgueil abbatre.

LE VOIAGE

Si vous supply penfons dele combatre,
La force auons fi la voulons eftandre.
Puis fur noz lieux lûg de nous en vault quatre,
Lon doit mourir pour fon pays defendre.

Reprenez donc voz forces & courages,
Et ne craignez/des Francoys les oultrages,
Non plus quont faict voz vertueux anceftres,
Qui firent tant par leurs haulx vaffelaiges
Que Mille Corps.reftent cy pour hoftaiges,
Dont remplis font noz monumens & eftre.
Or eftes vous fors,puiffans & adextres,
Autant ou plus,parquoy ie prefuppofe
Que Francoys nont pas emprins peu de chofe,
Car mal prent on Cerf de chaffe efbatu,
Puis tel propofe vng cas dont Dieu difpofe,
Et bien fouuent qui menaffe eft batu.

De France icy la voye eft difficile,
Le chemin long/puis deuant telle ville
Comme ie fuis,le Hardy eft paoureux,
Et qui plus eft,iay des hommes cent mille,
Fors & puiffans, ayans treftous le ftile,
Darmes porter,& de largent pour eulx,
Si forte fuis que les plus vertueux
Voyans ma force en vng commun Prouerbe,
Nommee mont Cite fiere & fuperbe,
Ne craignez donc le Roy ne tout fon train,
Car aucuns ont fouuent batu la gerbe,
Qui nen ont pas,pourtant rec .u le grain.

Munie fuis/Dalpes,Rocz,& Montaignes,

Ou Roys & Ducz ont plante leurs Enseignes,
Qui plus y ont prins de honte que gloire,
Les fiers Romains & nations Espaignes,
Scauent au vray/mesmes les Allemaignes,
Que dessus moy iamais neurent victoire.
Et quil soit vray encor gist en memoire
Que mes Palais & maisons sont si fortes,
Que franchement iay ouuertes mes Portes,
A vingt mil Homs, auec leurs Capitaines,
Tel di:te y voys qui ny est pas encores,
On ne préd poit de telz Chatz sans mitaynes.

Prenez donc cueur/pensez de vous armer,
Et faictes tant quon me puisse nommer
Ville Imprenable & durable a toussours,
Recongnoissant que Royne de la Mer
Suis & seray, & que ie puis armer
Cent gros vaisseaulx & les faire en cent iours,
Mais dauantage pour vng soudain secours
Iay Brigandintz, Galiotz & Carracques
Que sur la Mer tiens en ordre & en parques
Laissez venir donc France & sa routte,
Car tel me cuyde auoir gaigne a Pasques
Qui ne maura pas a la Penthecouste.

Et par ainsi ma force est inuincible,
Et mes tresors si grans quil est possible,
Mais qui plus est iay faueur & amys
Qui mont iure que saulcun mest nuysible
Ilz luy donront vng eschec si terrible
Que prou fera si du mat est demys,
Quil soit ainsi le Pape ma promys

De souftenir fon pays & naiffance.
A Lempereur iay parfaicte aliance,
Et de Venize entendz bien la teneur.
Voyla comment iay pour voftre affeurance
Richeffe/Force, Armes/Port & Faueur.

Lautheur.

CEs motz finiz de ce Peuple & Commun
Dont la y eut mil auffi bien comme vng.
Entendu fut de vieulx/& ieunes voix,
Difant ainfi, Tes Enfans Geneuoys
Sont ia tous preftz/pourtât ne doubte Genes,
Car prompt fecours auras de vieulx & ieunes,
Nya celluy qui ne viegne fe offrir
Pour te garder/iufqua la mort fouffrir,
Noftre mere es/& nous tes enfans fommes
Preftz de porter de la guerre les fommes
Ainfi quont fait noz vertueux anceftres,
Bien meritans porter en leurs ans fceptres.

Et nous voulans de gloire auoir noz pars
Deliberons fi bien garder noz Parcs
Contre Francoys/que ia pour leurs effors
Ne gaigneront noz Baftillons & fors,
Mais fi trefbien nous nous efuertuerons
Que deuant toy tous noz aduers tuerons
Et lors diras que nous verras vainqueurs
Les mîés Enfans nont lafches ne vains cueurs,

Mutination des Geneuoys/auec la Prinſe du Chaſtellat.

A Pres ſes motz/plains damere liqueur,
Raiſon les fuit, Raige les prend au cueur,
Iettent en Lair Pertuyſanes & Dars,
Aux Armes vont deſployant leurs Eſtandars,
Mettent au Vent Gouffanons & Banieres
Poures Souldars ſortent de leurs Teſnieres,
Courans par tout comme Demoniacles,
Gaſtans Maiſons des Nobles,& Pinacles,
Lors euſſiez veu contre Murs & Palis,
Auſquelz eſtoient peinctes les Fleurs de Lis
Laſcher leurs traictz.Les vngs les deſrôpoient
Les autres Fange alencontre gettoient
En tel facon quil nen demoura nulle
Qui feuſt entiere ou neuſt quelque Maculle,
Durant ce bruit ceſte Turbe Maligne
Va conſpirer daler mettre en ruyne
Le Caſtellat,& de boutter a Mort
Tous les Francoys qui lors gardoient le Fort,
Leſquelz ſachans la place eſtre non forte,
Et dautre part voyans ceſte Cohorte
Plus animez a faire leur emprinſe
Que Iuifz a faire en Ieſuchriſt leur prinſe,
Ont propoſe de leur rendre la Place,
En leur faiſant de leurs biens,& Corps grace,
Mais tout ainſi quilz cuyderent parler
Dappointement, vous euſſiez veu par Lair,
Fleſches & Traictz, Lances & Pertuyſanes,
Auec grant bruit ſortant de leurs Organes,
En criant Peuple Acarne, Amaſſe, Amaſſe,

B ij

LE VOIAGE

Adonc Francoys nonobstant leur menace
Si vaillamment feirent a leur approche
Que impossible est leur en donner reproche,
Mais comme dit le Prouerbe commun
Dix ouuriers font en tout oeuure plus que vng
Vingt & cinq mille estoient de Geneuoys,
Contre troys Femmes, & dixhuit Francoys.
Parquoy apres plusieurs assaulx donnez
Tous ses vilains ainsi que forcenez
Rompent les murs tant quen la place entreret
Mettant a mort tous ceulx quilz y trouuerent,
Non seulement les Hommes, mais les Femmes
Dont a iamais sont reputez infames,
Car sauluer fault quatre choses en guerre
Prestre/Herault/Paige,& Feminin genre
Non assouuiz des Corps gisans enuers
Comme Tyrans de nature peruers
Leurs cueurs mangent en prenant nourriture,
De ce quau Vers deuoit estre pasture
Et autres cas que ie nose descrire
Car mieulx en vault le taire que le dire.

Rondeau.

A Ce propos soit en Ville ou Chasteau
Nul sil ne veult estre tenu pour Veau.
Trop nese fye a mercy de commune,
Car sainsi est quil ait pour eulx fortune
La mort daucun leur est moins quun Naueau.

Ilz promettront & feront du beau beau,
Mais silz vous ont/la grace du Cordeau

Vous aurez deulx/nen faictes doubte aucune.

A ce propos.

Tous Geneuoys mourront en ceste peau,
Qua tous propos feronr serment nouueau
Sans varier nen plus que fait la Lune.
Ilz ayment Dieu, ientendz apres Pecune
Voyla pourquoy iay basti ce Rondeau.

A ce propos.

Apres ce fait plain dinhumanite
Ce villain Peuple auec grant cruaulte
A nos Froncoys les Chemises despouillent.
Plaines de sang/dedans lequel ilz mouillent
Linge & Mouchouers que tous rouges pédirēt
A plusieurs boutz de Lances quen hault misrēt
Pour esmouuoir ceulx qui gardoient la place
De sainct Francoys a se mettre en leur grace.
Lesquelz au lieu de doubter leur puissance
Ont entreprins faire telle vengeance,
Sur leur Cite/Maisons, & possessoire
Quil en seroit eternelle memoire.
Et pour bouter a execution
Leur bon vouloir/sans grant dilation
Tirent Canons/Faulcons, & Couleurines,
Traictz, & Bouletz/mortiers & Serpentines,
En tel facon quen ce bruit & Tonnerre
Vous eussiez veu Tours & Maisons par terre,
Ce nonobstant Vilains tant cheminerent
Vers sainct Francoys que la droit affusterent

B iii

LE VOIAGE

Gros Serpentins & aultre Artillerie.
Laquelle feift cruelle baterie,
Lors euffiez veu Geneuoys approcher.
Et les Francoys deffus eulx defcocher
Baftons a Feu Arbaleftes & Arcs
Mettans a Mort fes Geneuoys fouldars,
Ce nonobftant iufquaux Rampars marcherēt
Dont les Francoys quelque peu feftonnerent
Quant pour le Roy Alabre capitaine
Defainct Francoys mift telle force & peine
Auec fes gens qui tant fefuertuerent
Que vers la fin Geneuoys reculerent.

DE iour & nuyt ce Peuple & vilenaille,
Si treffouuent leur liuroient la bataille
Que des Francoys les gens diminuoient,
Mais pour vng deulx eft a croire fans faille
Quilz tuoient tant de cefte cocquinaille
Que champs/foffez, & Maifons en puoient,
Ce neantmoins touffours en recouuroient
Qui aux Francoys eftoit inrecouurable
Iufquau Rampars main a main Guerroyable,
Faifoient brandir Lances & Iauelines,
Lors dire on peult Genes eftre femblable,
A Rome iadis en guerres inteftines

Lors congnoiffans que par Artillerie
Ce nonobftant la grande batterie
De leur Lezarde & le Beuffle de Pize
Ilz ne pouoient vfurper feigneurie
Sur les Francoys vindrent par tricherie
Penfans pour vray quilz lauroiēt par tel guife,

Lors Chafcun a Pic ou Palle en main mife
Cauent foubz terre/on ne vit onc tel myne,
Mais vne Femme aux Erancoys feift le figne
Quilz fouyffoient pour la place deftruyre.
Francoys adonc feirent leur contremine,
Ou Dieu veult bien/le Dyable ne peult nuyre.

Cuydans bouter leur entreprinfe a chef
Par cefte Myne ilz vindrent de rechef
Donner Affaulx, & plufieurs chaulx Alarmes,
Mais le Seigneur du Las pour le Roy chef
Du Chaftellat leur feift vng tel mefchief,
Qua coup de Traict renuerfoit les plus fermes.
Vne aultre Bende a Voulges & Guyfarmes
Venoient foubz terre en Myne & trahifon,
Mais eulx venus a la contrepoyfon
Que les Francoys ia leur auoient braffee
Ilz mangerent lors la propre Venoyfon
Que pour aultruy fans chiens auoient chaffee.

Adonc voyans que par force ou fallace
Nauoient pouoir de gaigner celle Place
Comme laffez pour leur dernier effort
Sans regarder dhonneftete la grace
Feirent Roulleaux plains diniure & menace
Qua tout leur traictz iettoient dedãs leur fort.
Qui aux Francoys donna grant reconfort,
Bien congnoiffant que par droicte nature
Les foibles gens fe vengent par iniure.
Lors prennent cueur/tirent de tel puiffance
Quil narreftoit maifon ne couuerture
　　　　　　　　　　　　　　B iiii

LE VOIAGE

En attendant le Meſſias de France.

Le Peuple gras congnoiſſant la commune
Fiere de cueur & leur eſtre importune
Par le deffault du Glaiue de Iuſtice,
Craignans auſſi que faulte de pecune
Les feiſt piller par vng decours de Lune,
Feirent vng Duc pour maintenir police
Et pour acroiſtre & rengreger leur vice,
Enuers le Roy leur ſouuerain ſeigneur.
Dung Vilain font leur Duc & gouuerneur
Bon Taincturier tant en Lange quen Linge,
Sur Chef vilain fut mis Chappeau dhonneur,
Fard eſt perdu deſſus myne de Cinge.

Le Roy voyant le grant criſme & forfaict
Que Geneuoys enuers luy auoient faict
Eulx pariurans & deſrompans leur Foy,
Et auſſi comme ilz auoient prins de fait
Le Caſtellat & tous ſes gens deffaict
Paſſe les montz pour venger ce deſroy.
Plus promptement que iamais ne fiſt Roy.
Car onc en lieu il ne fiſt reſidence
Que dedans Aſt/mais feiſt tel diligence
Qung moys apres il leur donna laſſault,
Comme ſachant par vraye experience
Que batre Fer conuient tant quil eſt chault.

Pieces a Feu/Serpentines/Canons,
Et aultres mainctz dont ie ne ſcay les noms.
Boulletz maſſifz/Mãteaulx/Barilz de pouldre
Par Canoniers/Charretiers & Pions,

De nuict et iour trauerfent rocz et mons,
Tel bruit menans/quil fembloit eftre fouldre,
Aduéturiers qui ne vouldroient riens rouldre,
Ncn plus que loups/a defployee enfeigne,
Marchent auant, courent par la montaigne,
Cherchans a faire vng exploict de main mife,
Si Geneuoys ont auecques eulx gaigne,
Ilz ne perdront iamais marchandife.

Ainfi le Roy/auecques tout fon bernaige,
Et des plus grans de fon royal lignaige,
Paffe les mons fans feiourner vng iour/
Vint iufquen Aft/le fien propre heritaige.
Ou il voulut comme prudent et faige,
Auec fon train prendre vng peu de feiour,
Huit iours apres/ce remift au labour,
Monte a cheual, lors fe part le charroy,
Preux Cheualiers ce mectent en arroy,
La Garde eft prefte/en moins de dire amen,
Et ce iour vint faire entree de Roy,
Dedans la ville/et lieu Felicen.

Le iour dapres vint en Alexandrie,
Ou audeuant fortit la feigneurie,
Tát Clercs q̃ Laiz/en moult belle ordõnãce,
Dames portoyent drap dor/orfauerye,
De leurs beautez ceftoit toute faerie,
Trop facheux fut qui ny prenoit plaifance,
Ieunes enfans par rues cryoient France,
Chacun portans fleurs de Lis ou Ermines,
Quatre Bourgeoys/des plus nobles et dignes,
Sur luy portoyent tente dor trefexquife ,
                                        B v

LE VOIAGE

Le conduyſant rendre graces diuines,
Iuſques au Doſme/eſtant la grant Egliſe.

Le lendemain ſarma de toutes armes,
Lors me ſembla Ceſar et ſes Gendarmes,
Partant de Rome en grant ſcelerite.
Apres marchoit Bourbon/qui tenoit termes,
Dun Scipion quant va donner alarmes,
Contre Hanibal en ſa proſperite.
Ieune Vendoſme eſtoit tel en fierte,
Comme Iaſon/la toiſon conquerant,
Calabre lors gloire et bruit deſirant,
Suyuoit apres ſemblant par coniectures,
Preux Lancelot le Cheualier errant,
Par les foreſtz cherchant ſes aduentures.

Lors le ſeigneur de Neuers ſault en place,
Tant triumphant et de ſi bonne grace,
Que Troilus ſembloit en contenance.
Soubdain apres en merueilleuſe audace,
Le piuſſant Duc de Ferrare deſplace,
Fier et pompeux/et de grande apparance,
Et me ſouuint a veoir ſa rembrance,
Du grant Pompee aux Romains Empereur,
Demont Ferrat le Marquis et Seigneur,
Suyuoit ce train/fier comme vng Hercules,
Mantoue ſemble Hector en ſa fureur,
Quant par les rangs va chercher Achilles.

Alors ſi bien donnent des eſperons,
Au bruyt et ſon des trompes et clerons,
Quon ne vit onc de ſi grandes ruaddes,

Nobles montez comme bons Champions,
Armez/bardez/auſſi fiers que Lyons,
A q mieulx mieulx font grãs ſaulx & pénades,
Aupres du Roy marchoiët toutes les gardes,
Garniz de traictz/acouſtrez de bons arcs,
Francoys adonq deſployent leurs eſtandars,
Alexandrins voyans ce conſiſtoire,
Haulſent leſpaulle a modde de Lombars,
Doubtans quon euſt deſſus Genes victoire.

En ceſt honneur le Roy part de la ville
Dalexandrie/en cheuauchant ſix mille,
Ses gens en ordre/en bataille acouſtree,
Lors le harnoys ne luy fut difficile,
Car tout arme en pompe treſgentile,
Vint iuſquau Boch/ou il fiſt ſon entree,
Le lendemain au long de la Contree,
Tabours/clerons/& trompettes ſonerent,
Prennent les champs/ſi fierement marcherẽt,
Que de les veoir tout homme eſtoit rauy,
Et pour ce iour diſnerent & couſcherent
En vng chaſteau qui ſe nomme Gany.

Le iour dapres vers le Souleil leuant,
Le Roy ſe part/ſes gens tirent auant,
Prennent harnoys iuſquau Borg ariuerent,
Ce propre iour Francoys eſtoient deuant
Le Baſtillon leur enſeignes au vent,
Qui Rocz & Montz comme Lyons ramperẽt,
Noz Allemans quelque petit doubterent,
Voyans ce Roch quaſi inacceſſible,
Francoys voyans quil neſt riens impoſſible,

LE VOIAGE

A cueurs vaillans vindrent iufquaux rampars,
Dune maiſon, ou bataille terrible
Y eut alors de toutes les deux pars.

Noz Albanoys a leurs legiers cheuaulx,
Par celluy mont couroiēt comme cheureaulx,
Qui chacun coup leur donnoient des alarmes,
Geneuoys font/en tirant/pluſieurs maulx,
Par telle facon/que deſſus les carreaux,
Ont renuerſe pluſieurs de noz Gendarmes.
Frācoys voyās quon leur tenoit telz termes,
Donnent dedans/dune ſi bonne ſorte,
Que non obſtant que la maiſon feuſt forte,
Marchent aduant, et ſi vaillamment feirent,
Que Geneuoys les voyans a leur porte,
Sen vont fuyans/ Francoys les pourſuiuirent.

En ceſte fuytte euſſiez veu ces vilains,
Aller du pied/comme biſches et dains.
Chaſſez des chiens/en foreſtz ou en parcs,
Daller apres Francoys ne furent vains,
Mais enuers eulx Suiſſes ſont humains.
Tout ainſi comme aux poules les regnars.
Et pour monſtrer quilz neſtoiēt poit baſtards,
Francoys leur feirent leur part honneſtement,
Leſquelz voyans ce bon commencement,
Suz leurs tabours doublent a carrillon,
Montent le roch ſi vertueuſement,
Quont eſtonne tous ceulx du baſtillon.

Lors euſſiez veu gentilz aduenturiers,
Bons crediteurs/dangereux vſuriers,

Aussi rassis quest le sablon en Loyre,
Monter Ramper/courir comme leuriers,
Impossible est que ien creusse le tiers.
Mais ie lay veu, parquoy ie le doibs croire,
Et si Romains pour leurs faictz ont eu gloire,
Francoys trop mieulx, ce iour lont desseruy,
Car iamais Roy ne fut si bien seruy,
Et quainsi soit/il est tout veritable,
Quen moins dung iour ont prins et asseruy,
Le Bastillon/quon disoit imprenable.

Ainsi vilains la place habandonnerent
Noz gens apres qui battant les menerent,
A dix pas pres de leur porte et muraille,
Naurent les vngs/et les aulchuns tuerent,
Les aultres prins lyerent et baguerent.
On ne vit onc si cruelle bataille,
Les aultres apres frapans destoc et taille,
Au Bastillon planterent leur enseigne.
Alors vng bruit y eut par la montaigne,
Car vng chacun commenca crier France.
Douyr ce cry tout Geneuoys se saigne,
Menant grant dueil et griefue desplaisance.

De tout ce cas/le Roy bien aduerty,
Auec son train de Bourg sen est party,
Marchant en ordre aux chãps moult fieremẽt,
Tous ceulx du camp/chascun bien assorty,
De picque ou lance au deuant est sorty,
Lon ne vit onc pomper si plaisamment.
Monsieur le grant Maistre premierement,
Aduant marcha/auec les ordonnances,

Les Albanoys auec demyes lances,
Bruyre faifoient leurs panonceaulx au vent,
Aduenturiers fans courir au deuant,
En fe rengeant tous fe mifrent en ordre,
On vit marcher Suyffes en aduant,
Si fierement quil ny eut que remordre,

Touchant la Pompe/& ruades/& faulx,
Que feirent lors Cheualiers & Vaffaulx,
Bien croyre on peut que chafcun feift debuoir,
Pouldres volloyent de corfes de cheuaulx,
Drap dor branfloit a pieces & lambeaulx,
Deuant le Roy chafcun veult bruyt auoir,
Mais deffus tous quilz fift beau veoir
Le Roy arme acompaigne des Princes,
Tant des Frãcoys que des aultres Prouinces,
Faire bondir en lair leur Efcuyrie,
Portãs fur eulx/mõftrãt quilz neftoiẽt minces/
Pierres/drap dor/& riche orfauerie.

En ceftuy bruit/fiffres/tabours fonnoyent,
Trompes/clerons/& cheuaulx haniffoient,
Lartillerie au camp fembloit tonnerre,
Les groffes naux de Pregent refpondoyent.
Ceulx du chafteau fi lourdement tiroient,
Quil neftoit tour qui ne vienfift par terre.
Lors Geneuoys doubtans que fe quaterre
Tumbaft fur eulx/tindrent leur confiftoire,
Leur Duc voyant ce piteux acceffoire,
Et que defia contre luy murmuroient,
Les affeura ce iour auoir victoire,
Du Baftillon que les Francoys tenoient,

Le pouure Duc qui mieulx ce congnoſſoit,
En vng drap tainct deſcarlate ou garance,
Quen fait de guerre/ainſi comme il penſoit,
Cuydoit cheuir/mais pas il nauiſoit,
Que des chetifz trop vaine eſt leſperance.
Ce nonobſtant miſt aux champs ſa puiſſance,
Fiſt deſployer eſtandars & banieres,
En demonſtrant par contenances fieres,
Que des Francoys Loſt ſeroit deſconfit.
Ie ne vueil pas blaſonner ſes manieres,
Mais ie dictz biē quaupres de ſes chauldieres,
Il euſt acquis plus dhonneur & prouffit.

Le propre iour le Roy en ſon camp vint,
Et ſe logea dedans vng monaſtere,
Cuydant ſoupper vng alerme ſuruint,
De Geneuoys/leuer il leur conuint,
Ceſtoit le Duc qui iouoit ſon miſtere,
Le Roy ſarma/chaſcun ſe delibere,
Les Allemans leur bataille acouſtrerent,
Les Cheualiers pres du Roy ſe tirerent,
Aduenturiers a bandes & cohortes,
Montent le Roch/deſſus lequel trouerent
Leurs ennemys/que de rechef menerent,
Tuant/naurant/iuſques dedans leurs portes.

Alors ce Duc craintif/cheſtif/poureux,
Voyant Fortune enuers luy ſanymer,
Apres pluſſeurs plainctz & crys doloreux,
Delibera puis que tant malheureux
Eſtoit/ ſur terre aller deſſus lamer,
Lors me ſouuint & lâſſay eſtimer.

Pompee apres sa tourbe desconfitte,
De par Cesar sen fuyant en Egypte,
Ou sur la mer eut la teste couppee.
Ne plus ne moins cestuy pour son merite,
Fut decolle, nonobstant ie macquitte,
Disant quil nest compare a Pompee.

Les Geneuoys voyans que la fortune,
Nestoit pour eulx/tindrent leur consistoire,
Conclurent tous/marchandise et commune,
Que de deux pars il failloit prendre lune,
Estre deffaictz/ou obtenir victoire.
Or scauoient ilz par raison peremptoire,
Quilz sabusoient de la victoire attendre,
Cecy voyans/chacun va condescendre,
Que trop mieulx vault la vie que la corde,
Qui cause fut, qui les fist au Roy rendre,
Luy suppliant par sa pitie estendre,
Sur leur meffaict grace et misericorde.

Le Roy sachant par antique doctrine,
Que Dieu ne veult point la mort du pecheur,
Ains veult quil viue/affin qua bien sencline,
Les receut lors par telle facon et signe,
Quilz se rendroient soubz sa grace et fureur,
Et pour monstrer leur extreme douleur,
Ensemble tous de drap noir sabilloyent,
Naultre couleur dessus eulx ne portoyent,
Car entreulx fut conclud et ordonne,
Que iceluy dueil/iamais ne laisseroient,
Tant que le mal/que commis ilz auoient,
Leur fust du Roy remis et pardonne.

Adonq le Roy en prompte diligence,
Gardes & gens dedans Genes transmist,
Qui feirent lors barrieres de deffense,
En tel facon que nul sans leur licence,
Dedans icelle en ce temps pied ne mist,
Pour ces raisons le voulut & permist,
Saichant por vray que si dedans la ville
Ses gens entroyent/il seroit difficile
La preseruer de ruyne ou pillaige.
O Roy piteux par ta clemence vtile,
Ceulx qui tont fait trahisons & maulx mille,
Tu gardes or de honte & de dommaige.

Le lendemain deuers Genes sadresse,
Arme a blanc en triumphe & honneur,
Qui lors eust veu de France la noblesse,
Bien eust il dit quoncques telle richesse
Veue ne fut deuant Roy ne Seigneur,
Estant arme ainsi que conquereur,
Auecques part de sa Gent & puissance,
A Genes entre en moult belle ordonnance,
Acompaigne de Princes de valeur.
Mais dessus tout cestoit vne plaisance
De veoir le peuple aux rues crier France,
Plus (comme croy) par liure que par cueur.

Iusquau Palais soubz poille dor exquis,
Que quatre chefz de la ville porterent,
La teste nue ainsi que gens conquis
Il fut conduict/lors Princes & Marquis
Deuant le Roy fierement cheuaucheren*,
Cinq Cardinaulx aupres de luy marcherent
C j

LE VOIAGE

Iufques au Dofme ou Filles & Pucelles
En habit blanc/gracieufes & belles,
Tenans Rameaulx reprefentans Concorde,
Genoux flexis/leurs cheueux autour delles,
Inceffamment par places & ruelles
Deuant le Roy cryoient Mifericorde.

A pres le poille eft Monfieur le grãt Maiftre,
Qui pour le Roy en demonftrant Victoire
Lefpee tient toute nue en main dextre/
Faifant congnoiftre a tous qui pouuoit mettre
A feu & fang leur ville & poffeffoire.
Le Roy adonc en grant triumphe & gloire,
Entre en lefglife & rend graces diuines.
Durant ce temps/trompes/cloches/buffines,
Menoyent vng bruyt doulx & armonieux,
Muficiens auecques les orguines,
Difoyent mottez & chanfons celeftines,
Au los & nom du trefuictorieux.

Le lendemain feift crier par les places,
Luy apporter tous leurs baftons de guerre,
Qui lors euft veu ces grandes chichefaces,
De Geneuoys/colorez en leurs faces,
Comme larrons que pour pendre on deferre,
Ceftoit plaifir/car touchant la defferre,
Ne dobtez pas quilz femblent larbalefte
Vieille & caduc que/a defbander mal prefte.
Ce nonobftant tant les Clercs que les Laiz,
Craignans de perdre auec les biens la tefte,
Tous leurs harnoys fans faire longue enquefte
Furent par eulx apportez au Palais.

Eulx defpouillez tant defcuz que pauoys,
Lon feift fonner du Palais la grant cloche,
Adonc veiffiez accourir Geneuoys,
Qui ne difoient pour lors point ie ny voys,
Car aultre chofe ilz craignoyét que reproche,
Eulx arriuez le plus noble fapproche
Deuers le Roy/tenant Siege Royal,
Ce Geneuoys parlant en general,
Genoux flexis/troys fois baifa la terre,
Comme pecheur/qui mercy vient requerre,
Luy fuppliant en termes elegans,
Puys quil auoit gaigne par bonne guerre
Genes leur ville/il luy pleuft de conquerre
Par fa mercy le cueur des habitans.

Adonc le Roy Piteux & debonnaire,
Faifant Pitie preferer a Rigueur
Leur pardonna, puis apres leur fift faire
Touz les fermens/quaucas eft neceffaire,
Et tous hommaiges & foy deue a Seigneur,
Puis fift brufler de leurs Loix la teneur,
En leur donnant parfaicte congnoiffance,
Qua nouueau Prince il fault neufue Ordónáce
Bien le monftra/car contre la nature
Des Taincturiers fift la Croix rouge blanche,
Qui fut grant cas/car par experience,
Rouge ne peult prendre blanche taincture.

Les fermens factz/fon cas tout depefche,
De Genes part en victoire affouuye,
Defirant veoir de Millan fon Duchie,
Sans feiourner a tellement marche.
                              C ij

LE VOIAGE

Quil arriua Iufquaupres de Pauye,
Lors les manans ayans parfaicte enuie
De veoir leur Prince & Souuerain feigneur,
Vont au deuant en triumphe & honneur.
Quatre Bougeoys en moult belle ordonnance
Portent le Poille, adonc grant & mineur,
Comme ie croy de couraige & de cueur
Inceffamment par quantons crioient France.

Touchant les vers compofez a fa gloire,
Ieux/Efchaufaulx, Bāquetz/& bonnes cheres,
Taire me vueil/car il eft tout notoire
Quimpoffible eft q̃ vng hôme cuft la memoire
De retenir tant doeuures fingulieres,
Mais bien defcripre il me plaift les manieres
Et la beaulte des Dames fouueraines,
Qui bien fembloient Deeffes trefhaultaines,
Mais auec ce fi bonne grace auoyent,
Tant en regards/comme geftes humaines,
Que bien fembloyent fecondes Magdalaines,
Qui des amans les cueurs mortiffioient.

Cinq iours apres le Roy fe meĉt aux châps,
Vint a Millan ou il fift fon entree,
Les Milannoys tant nobles que marchans,
Au deuant vont en triumphe marchans,
Lon ne fcauroit veoir Gent mieulx acouftree.
Puis tous armez en bataille rengee,
Vindrent cinq cens/fiers comme vng Elephãt,
Armez a blanc pres dun char triumphant,
Quilz conduifoient a cors/clerons/& trompes,
Adonc ny eut homme/femme/nenfant,

Qui par quantons nallaſt France criant,
Lon ne vit onc tant de gorres & pompes.

Lors les ouurouers furent plains & couuers
De mainete Dame/en beaulte treſexquiſe.
La foyre ay veue a Lyon & Anuers/
Lendit/Gibray, & autres lieux diuers,
Mais onc ne viz ſi belle marchandiſe,
Chaſcune eſtoit en vne chaize aſſiſe,
Leuee ē hault/pour leur corps mōſtrer mieulx,
Mais les aulcuns de leur gloire enuyeux,
Diſoient que fard les rendoit ainſi belles,
Mais quoy quilz diét/ie croy ainſi maid dieux,
Quon ne ſcauroit mieulx repaiſtre ſes yeulx,
Qui ne verroit choſes celeſtielles.

Pres de la porte y auoit vne hiſtoire,
Ou y auoit mainctz riches parſonnaiges,
Qui demonſtroit de Genes la victoire,
Daultres auſſy dont laiſſe le memoire,
Craignant que ſoys prolix en mes langaiges.
Le Roy étrāt/quatre Bourgeoys moult ſaiges
Sur luy portoyent poille dor magnificque,
Lors des Francoys leſprit & loeil ſaplicque
A contempler ſes Dames tant honneſtes,
Car comme ay dit/il ny auoit bouticque/
Ou il ny euſt quelqe ymage ou relicque,
Que voulentiers lon ne mōſtroit quaux feſtes.

Ceulx du chaſteau armez & bien en point,
La hache au poing/ſe tindrent a leur poste,
Lartillerie adonc ne faillit point.
                              C iij

LE VOIAGE

A deschanter vng si hault contrepoint,
Quon nouyt onc musicque de la sorte,
En tel honneur le Roy si se transporte
Dedans ce fort/Millannoys retournerent,
Ce temps durant/les Lices sacoustrerent,
Huit iours apres chascun prent le harnoys,
Deuant le Roy & les dames iousterent,
Princes & Ducz/qui si bien se porterent,
Que ipossible est de mieulx faire en Tournoys,

Prose.

LE Roy estant es Triumphes de son duche
de Millan/ Genes qui en sa presence auoit
soubz son habit de Dissimulation/ porte le pe=
zãt & a la longue intolerable faiz de son dueil/
apres plusieurs lamentables regretz & doloreu
ses complainctes/la face de larmes piteusement
arrousee/va regarder par grant compassion
deux de ses enfans/Marchandise & le Peuple/
entre lesquelz estoit vne femme les tenant par
les mains/appellee Honte/ayant le chef cour=
be & enclin/ne iectant son torue regard fors en
terre comme vne beste mue Laquelle si tost que
Iceulx enfans vouloient a leur dolente & che=
tifue mere donner consolation/ pour aulcune=
ment aleger sa douleur. Retenoit leurs dictz en
leur mectant les mains au deuant de leur bou=
che/& tellement feist que ne peurent parler ne
dire aulcune chose cõsolatiue a son triste pleur
& lamentation. Ce neautmoins assez discrete=
ment va telles parolles proferer,

La Complainte de Genes.

COurroux cache au cueur dun perſonnaige
Donne trop plus de douleur & de raige,
Que ſoy plaignant de couurant ſa fortune,
Parquoy ie vueil prendre ceſt aduantaige,
Et deplorer mon malheureux oultraige,
Predeſtine ſoubz dangereuſe Lune,
Malheur maſſault & me porte rancune,
Les Elemens me font maulx innombrables,
Mer me ſouſtient guerres inexpuglables,
Le Feu me bruſle & chaſteaulx & maiſons,
Terre englouttiſt mes gens mors miſerables,
Lair corrumpu me vomiſt ſes poiſons.

Dont vient cecy ie ne le puis entendre,
Fors que cil Dieu qui iadis feit deſcendre
Luciabel des Troſnes ſouuerains,
Nait deſſus moy voulu ſa main eſtendre,
En demonſtrant que orgueil eſt mois q̃ cédre,
Ne que ſablon coulant entre les mains.
Ce neautmoins Dieu voulant des humains
La pouure vie/a voulu que la corde,
Bien deſſeruie ait eu miſericorde,
En me donnant Roy ſi miſericors,
Quau lieu de mort mait octroye concorde,
Au lieu de guerre amyables accords.

La corde au coul/le glaiue ſus la gorge,
Petite autant que vng grain de mil ou dorge,
Ie me rendy ſans compoſitiom.
Alors congneuz iuſte comme Lorloge,
C iiij

LE VOIAGE

Que sainct Denys auoit vaincu sainct George,
Mon treforier & ma protection.
Le Roy voyant que ma pugnition,
Mortelle eftoit/felon mon crime & vice,
Feift que pitie prefera a Iuftice,
Car fans piller ne le mien fang efpandre,
Il me donna de Cefar la police,
En ce monftrant humain/comme Alexandre.

Vaincue ainfi Pale blefme Adolee,
De defefpoir quafi toute affolee,
Contrainte fuz de luy ouurir ma porte,
Et neautmins que iamais maculee
Nauoie efte/fus lors depucelee,
Car onq viuant ny entra de la forte
Le premier fut qui par guerre & main forte
A mis foubz pied mon renom dinuincible.
Puis en monftrant Iuftice incorruptible,
Fift par mes lieux gibetz dreffer & faire,
Ou mes enfans en douleur trop horrible,
Deuant mes yeulx le vy pendre & deffaire.

Que fift il plus pour mieulx matter mõ cueur,
Tout ainfi comme vng vaincu au vainqueur,
Les armes rend, les miennes me fift rendre,
En tel facon que contre fa rigueur
Force nauoys/puiffance ne vigueur,
Naulcuns baftons dont me fceuffe deffendre.
Puis fift brufler/brouyr/& mettre en cendre,
Mon Couftumier de la chofe publicque,
Puis luy eftant en fiege magnificque,
Me pronunca nouuelles Loix & Droitz,

Que tous les miens deſſus mainte Relicque
Iurerent lors garder en tous endroitz.

Mais ay ie las/tel peine deſſeruye
Que deſormais me faille eſtre aſſeruye
Qui oncques neuz le tiltre deſtre Serue,
Mais au contraire ay donne aux Serfz vie,
Or & argent pour eſtre mieulx ſeruie,
Et maintenant il conuient que ie ſerue
Du Roy Francoys/fault que garde & obſerue,
Les mandemens ou eſtre de ſes Serfz
Fors & puiſſans auſſi legiers que Cerfz
Eſtre ſeruie a ruddes ſeruiettes,
Dont dire puis Roy a qui ie me aſſers
De telz Seruans noblement ſeruy eſtes

A toy Veniſe adreſſer veulx mes plainctes,
Qui ſoubz ſemblant de tes promeſſes fainctes
Diſſimulas a me donner ſecours
Dont tu fis mal/& croy pour raiſons maintes
Que quelque iour en auras les eſtrainctes,
Pires que moy ſi malheur fait ſon cours,
Tu ſcais aſſez les laſches & faulx tours
Que pres Fournoue vng iour feiz côtre Frâce.
Cecy penſant tu deuoys ta puiſſance
Mettre ſur champs pour mon pays deffendre,
Car moy vaincue as petite aſſeurance,
De Chaſteau prins Ville eſt preſte de rendre,

Sans aulcun droit contre la loy diuine,
Tant par la guerre, vſure que rapine
Sur chaſcun as maintes villes grippees,

Mais ie crains fort que cil qui tout domine
Dedans bref temps te monstrera par signe
Que bien peu sont Richesses vsurpees,
Si partiront de France les Espees,
Lances & dars enuoyez de par Dieu
Pour taller veoir iusques dessus ton lieu
Qui te donront si merueilleux ennuy
Que tu rendras malgre Marc & Mathieu,
Sans compte faire, & le tien & lautruy.

Pere tressainct qui dessoubz ma courtine
Prinstes iadis naissance & origine,
Nauez vous point pitie de ma douleur,
En me voyant de Dame estre Mechine,
De liberte & franchise orpheline,
Si que viuant napproche a mon malheur?
Ientendz assez que soubz faincte couleur
Mistes sur mer pour mon secours maint hôme
Dont bien pensoye estre seruie/comme
De gens vaillans/fors, puissans/& alegres,
Mais quoy, cestoient des Ruffiens de Rome
Qui pour fouyr couroiét côme Chatz maisgres

Roy des Romains si vers toy ie madresse
Pardonne moy, car ma dure detresse
Dire me faict trop plus qua suffisance,
Puis say congneu que la tienne promesse
Ne sont pas motz Deuangile ne Messe,
Et que peu vault fol vouloir sans puissance
Soubz ton espoir ie me mis a la Dance,
Ou de dancer ne te print onc courage
Craignant passer du More le passage.

Plus ne ten dy /fors que par vaillantife
Tu doibz porter vne Pome fauuage,
Non celle Dor aux Empereurs permife.

Ia ne conuient quen tes amples querelles
Contre le Roy iamais tu me querelles,
En allegant que vng tien predeceffeur
Ait obtenu fur moy victoires telles,
Dont par raifon doyue eftre en tes tutelles,
Car onc pour luy ne laiffay eftre affeur,
Et de mes biens cuydant eftre oppreffeur
Sa honte fut de ma gloire accroiffance,
Car riens ny fift ne toute fa puiffance,
Mais ceftuy feul en trois iours ma conquife,
Dont par raifon luy doibz obeiffance
Laquelle il a par fa prouesse acquife.

Rondeau.

Apres ce pleur & lamentation
Ietta fes yeulx par contemplation
Deuers le ciel, Difant Pere puiffant
Ie congnois bien quorgueil vas pugniffant,
Et lhumble mectz en exaltation.

Mais non pourtant iay bonne intention
Que toute ioye & confolation
Tu me donras /mes douleurs gueriffant.

Apres ce pleur.

Lors de rechef par grant compaffion

LE VOIAGE

Va contempler la murmuration
De ses enfans dont le mal fust yssant,
Adoncdung Cueur en douleur languissant
Faire leur va ceste narration.

Apres ce pleur.

GENES.

OLasches cueurs effeminez enfans
Nauez vous point souuenáce & memoire
Comment Priam par gestes triumphans
Auec ses filz puissans comme Elephans
Ont deffendu si bien leur possessoire,
Si vous prometz que Grecz eurent victoire,
Troyens occis leur Ville mise en cendre,
Ce nest rien dit:car il est tout notoire
Quen souffrant mort ont acquis plus de gloire
Que vous sauluans la vie par vous rendre,

A droit diroys que bestes insensibles
Ont plus de cueur que vous/& hardement,
Car de leurs dentz/& leurs griffes terribles
Vont deffendant leurs Cauernes horribles,
Et les Oyseaulx leurs nidz pareillement.
Le Chien couard encor communement
Sur son fumier se monstre fier & rudde.
Bestes ainsi nous monstrent clerement
Quon doit se armer pour viure franchement,
Et que mieulx vault la Mort que Seruitude,

Iay regarde voz manieres de faire
Touchant la guerre ou auez peu de grace,
Car on diroit que vous voulez deffaire

Voz ennemys par hault crier & braire.
O Pople Pople Acarne/ Amaſſe, Amaſſe,
Francoys ne ſont comme le Cerf en chaſſe
Qui fuit oyant des Limiers les aboys,
Ains prennent cueur alors quon les menace;
Auſſi ſeroit pour eulx peu deſſicace,
Croire en parolle & cris comme Vauldoys.

Vous ſouuiét il Gens plains doultrecuydáce
Quen mon Palais vng iour eſtans en armes
Me prometiez que ſi le Roy de France
Paſſoit les Monts/ ſans aucune doubtance
Vous le prédriez mal gre tous ſes Genſdarmes,
Aupres du Feu Couardz tiennét gros termes.
Mais Roy en Oſt donne aux ſiens tel puiſſance
Quen le voyant les foibles ſe font fermes
Couards & vains ſont premiers aux vacarmes
Les gens de cueur font plus que ſuffiſance.

Ie ne dys pas que bien & vaillamment
On ne nous fiſt durs aſſaulx ny effors,
Ains quil venſiſt/ mais veritablement
Furent trouuez a ſon aduenement
Plus que deuant/ hardis/ puiſſans/ & fors,
Car noz Rempars/ Baſtillons, & Ranfors
Furent gaignez, & lors prinſtes la fuitte,
Les vngs naurez, les autres prins & mors
Qui a iamais me donra ce remors
Que Roy en camp vault mil Hommes deſlite.

Merueille neſt donc ſen larmes me baigne,
Car ce iour vis apres pluſieurs trauaulx

LE VOIAGE

Ietter embas de sainct George lenseigne
Et entre vous fouyr par la montaigne
Comme Larrons eschappez de Bourreaux,
Alors souury bouleuars & portaulx
Pour vous sauluer en douleur trop amere,
Car ie congneuz a voz courses & saulx
Que eussiez voulu pour euiter telz maulx
Encores estre au ventre vostre mere.

Rondeau.

EN cest estat Genes faisoit ses plainctes
Et croire fault quelle eut dures estrainctes,
De desespoir, mais Litale science
Luy conseille de piller Patience,
Dissimulant soubz contenances fainctes.

Sur son mâteau ou souloiét estre emprainctes
Les rouges Croix voyoit les blanches tainctes
Qui de son dueil monstroit lexperience.
En cest estat.
Pour descharger ses douleurs au cueur paictes
En son secret respandoit larmes maintes
Affin quapres tint bonne contenance,
Mais tout soubdain quelle auoit souuenance
De son malheur, redoubloit ses complainctes,
En cest estat.

GENES.

CE mien chappeau de dignite anticque
Par mon gras Peuple & cômu mecanicque

Fut presente dessus teste vilaine
Qui pour ce fait iniuste & tresinique
Fut decolee en ma place publicque,
Monstrant que crisme est a purger par peine.
Ce neantmoins ie suis seure & certaine
Que oultre son vueil print mō chappeau ducal/
Mais mon commun non pensant faire mal
Le faisoit lors de mes honneurs & droitz.
Parquoy concluz prenant au sens moral
Que Borgnes sont entre Aueugles les Roys.

Cecy pensant desespoir me tormente,
Raige massault,& nestoit folle actente
Qui me esiouyt ie ne viuroys vne heure,
Car ie appercoy la richesse opulente
La ou iestois en triumphe excellente,
Puis la misere en laquelle demeure,
En plaisir fuz/ores en dueil labeure,
Dame iestoys/maintenant suis Esclaue,
Du Solier suis descendue en la Caue,
Iadis battiz/maintenant suis battue.
Conclusion quelque chose quon baue
Gloire mondaine est legier abbatue.

O Roy Loys quel bruit/honneur,& gloire
Te sera faict en Chronicque & Histoire,
Humble auoir fait moy Genes la superbe
Entre tes faictz cestuy moult te decore,
Car quant du cas se perdra le memoire
Primptemps sera/sās Fleur,Fueille ny Herbe.
Iadis ie fuz en vng commun prouerbe
Dicte superbe,ores humiliade,

Mon nom se meurt & ma gloire est malade,
Tainéturier Serf ma tins soubz sa commande,
Cest mal ioue le ieu de condemnade
A qui Roy vient quant vng valet demand

    Et si aulcuns vouloient respondre & dire
Que sans raison ie remplis mon cueur de ire
Et que plus suis franche quauparauant
(Honneur garde) ie les vueil contredire,
Car Chastellain nest point du Chasteau Sire
Sil na les Clefz de derriere & deuant,
Subiecte suis/car couchant & leuant
I ay toussours Guet qui dessus moy préd garde,
Mon Chastellat/iadis ma sauluegarde
Ft mon Palais nont plus pour moy vertu.
Ie les ay faitz/que le mau Feu les arde,
Tel fait Baston/dont souuent est battu,

    Non assouuiz sur Roch inexpugnable,
Ilz mont construict vng Chasteau imprenable
Qui sur la Mer me peult faire tel guerre
Quil nest Gallere/encor que le grant Dyable
En fust Patron, selle approchoit mon hable
Quon ne la mist par esclatz comme vng verre,
Vela comment ie suis tenue en serre.
Hors de lespoir de mes maulx guarison,
Mais fol penser me dit que trahison
Est absconsee en mes creux & speluncques,
Qui tant fera par doree poison
Que plus seray franche que ne fus oncques.

Profe.

EN ces doloreux & lamentables regretz Ge-
nes tout ainfi côme defefperee ne fe pouât
plus foubftenir, a caufe des terribles & merueil-
leux acces de dueil fe va ietter a lenuers fur vng
Lict, que Raige & Douleur trop foigneufemèt
luy auoient accouftre dedans vne Chambre te-
nebreufe & obfcure/tendue de Tapis noirs/ fe-
mez de larmes blanches. Pres de fa couche y a-
uoit vne Chaife, dedãs laquelle eftoit affis vng
vieil Homme chenu ayant le regard efpouenta-
ble a merueilles, la barbe lõgue, face & mais ve-
luz, portant plus forme mõftrueufe que humai-
ne. Veftu dung manteau & efcharpe auquel ef-
toient depainctz gens de diuerfes fortes. Dont
les vngs ayans les bras croifez, auoient corde-
aulx autour de leurs colz. Les autres tenoient
glaiues en leur eftomac. Les autres ayãs le chef
enclin tiroiét leurs cheueulx (qui me font a ve-
rite dire) chofe fi trefterrible a regarder que fre-
miffât retiray pied arriere en telle tremeur q̃ ie
trembloye tout ainfi que les fueilles dedans les
arbres. Mais fur ce point foubdainement vint
illec vne Dame de tant belle & gratieufe facon-
de/la face tant doulce & benigne, appellee Rai-
fon, portant fur elle veftement de pourp te deco
re & enrichy de toutes chofes de pris, tant qua
bref dire la fplendeur & refulgence de fon tref-
noble & precieux aornement narrer me feroit
impoffible. Laquelle fi toft que fut entree/ ap-

D i

perceut promptemēt que trop griefues dolean
ces en ce lieu fe demenoient. Si fift fon appro-
che vers ce piteable Lict, daupres duquel elle
fift retirer ce vieillart, lequel p fon nom elle ap-
pella Defefpoir. Lors ie congneu quelle eftoit
Dame de Puiffance & Auctorite. Si vint parler
a icelle poure & quafi defefperee Genes en tel-
les parolles.

Raifon parlant a Genes.

Lieue ton chef poure Dame efgaree,
  Ceffe ton dueil & regret lamentable,
Semble a touyr Femme defefperee,
Defprit troublee, & de fens efgaree,
Hors de lefpoir de falut proffitable.
Tu te dys eftre & poure & miferable,
Lors que dhonneurs & de biens es prochaine.
Cueur delicat fe plainct de tefte faine.

Touchant les motz proferez cy deuant
La ou tu dys ta puiffance eftre morte.
Tu parles mal/car mettre peux au Vent
Voyles & Nefz iufques en eleuant
Sans auoir peur que dommaige on te porte,
Nō quō te craigne, ains doubtāt la main forte
Soubz qui tu es en tous lieux te peulz mettre,
Du Chien on feuffre en la crainte du Maiftre.

Dormir tu peulx tant les foirs que matins
Sans auoir peur que lon marche en ta terre,

Plus ne craindras Pizans ne Florentins,
Fiers Allemans/Flamens ne telz mutins
Doubtant celluy qui les fors tient en ferre,
Efiouys toy ne te mefle de guerre,
Car tu as Chef qui les haulx au bas Rufe
Crainct & doubte plus que cil de Medufe.

Demande tu plus ouuerte franchife
Que viure en Paix fans crainéte de perfonne,
Prefent Iuftice en ton clos eft affife,
Guerre ciuile en toy plus na maiftrife.
Police regne en triumphant couronne
Ne doubte pas que ceft Dieu qui te donne
Ces haultains biens affin que lon entende
Quil veult quon viue efperant quon famende,

Par cy deuant en amere fouffrance,
Autres plufieurs en extreme malheur,
Ayans dhonneurs & biens grande abondance
Ce nonobftant leur haultaine puiffance
Ont mort fouffert en trop griefue douleur
Mais toy tu es en eftime & valeur,
Ou merite auoys en ruyne eftre.
Vng hôme iugrat fon bien ne peult côgnoiftre.

Grece eft deftruiéte/eftainéte & confommee,
Babylone eft en piteufe ruyne,
Troye eft perie, arfe & toute enflamee
Auec fon bruyt & haulte renommee.
Vela comment le fort fatal chemine.
Et dautres tant par force & par famine

D ii

LE VOIAGE

Cruellement par terre on a couche
Toute mifere abonde de peche.

Regarde plus comme iadis Numance,
Thebes & Rome/Arges/auffi Carthaige,
On mift au bas nonobftant leur puiffance,
Qui fit cela finon loutrecuydance
De leur orgueil & fuperbe courage?
Puis que tu as efchappe ce paffage
Retourne a Dieu, foys humble deformais,
Amendement vault mieulx tard que iamais.

Semblamement tu faitz cris inhumains,
De tes manoirs dont tu nas plus la garde,
Du chafteau Neuf auffi ne plus ne moins,
Pleures fans ceffe en detordant tes mains,
Et touteffois ceft pour ta fauluegarde,
Auffi affin que deformais te garde
De deffaillir, mais ailles droicte voye.
Cheual fans bride a tous coups fe foruoye.

Doncques en toy prens confolation,
Et plus ne foient les tiens efpris confus,
Car toy viuant foubz la protection
Dung Roy tant crainct par toute Nation,
En plus hault pris feras quoncques ne fus,
Et fur ce point ie finiz & concludz
Quil neft viuant dont doibues auoir peur,
Soubz bon pafteur les ouailles font affeur.

Lautheur.

A Ces remonſtrances inſolubles & tant loua
bles, Genes congnoiſſant la cauſe de ſon
pleur ne proceder fors de voye oblique, deuian
te par lenhortemēt de inaduertance des metes
de bon conſeil ſe lieue (touteſſois aſſez peſam‐
ment) pource que trop lauoit trauail extenuee
& ameſgrye, ſi ſe print ioignant les mains regra
cier treſ humblement dame Raiſon, par laquel‐
le ſi toſt quelle fut expoliee & deueſtue dung vil
habit de dueil fut reueſtue dung Māteau de Sa‐
tin, portant couleur de bleu, ſeme de Fleurs de
Lis, & lors quelle leut veſtu commenca a dire
de bouche, & comme ie croy de cueur. Soubz ce
Manteau ie vueil viure & mourir. Adonc yſſit
hors de ceſte hideuſe & doloreuſe place, & vint
entrer en la chambre de vraye congnoiſſance.
A linſtigation de laquelle fermement delibera
ceſſer toutes lamentations, ſi ſe print de rechef
a parler en ces propres motz.

Genes parlant en forme de Rondeau.

LA mercy Dieu iay clere congnoiſſance
Que ie ſuis hors de miſere & ſouffrance,
Et que du bien iay plus que ne merite,
Quant le vray Dieu de ſa grace me herite
Dung ſi hault Roy comme celluy de France.

Vaincue ma iuſqua prendre vengeance,
Et nonobſtant mon crime & deffaillance

LE VOIAGE

De luy ne fuz pilleene deſtruicte.
La mercy Dieu.

Mais au contraire ay par luy aſſeurance,
Dont a iamais en ſon obeiſſance
A gre me vient de demourer reduycte,
Sans que par nul iamais ſoye ſeduyct e,
Car ſa victoire augmente ma puiſſance.
La mercy Dieu.

Fin du Voyage de Genes.

NE TROP NE PEV.

Cy apres enſuyt le Voyage de Veniſe.

AV tẽps que Mars foubz le vouloir des
Fiſt triũpher p geſtes glorieux (Dieux
Loys Douzieſme aorne par merite
De bruit & los que mort ne deſherite
Vulcan laiſſa fouffler en ſes fourneaulx
Centaures plus ne battirent metaulx,
Armes forgeant, Car le vray filz vnicque
Du Dieu Mauors dung fier bras herculicque,
Auoit mis ius la Nation ſuperbe.
Comme la Faulx qui renuerſe toute Herbe
Remis en Paix/Vnion & Concorde,
Les heritiers de Litige & Diſcorde.
   Pour ces haulx faitz & magnanimes geſtes,
Ioye fut faicte aux regions Celeſtes,
Car tous les Dieux commencerent alors
Congratuler le puiſſant Dieu Mauors,
Lequel voyant ſi grans ſolemnitez
Les mercia ſelon leurs dignitez,
Et tout premier loua la maieſte
De Iupiter qui luy auoit preſte
Temps oppornun faiſant luyre en ſes tentes
Les clairs rayons dinfluances fauentes.
A Neptunus qui tant voulut laymer
Comme de luy paciffier la mer,
Garder ſes Nefz/Carraques & Galleres
De Rocz, Bãcz, Vés, & vagues trop auſteres,
A Eolus de ce quauoit reclus
Dedans ſes Creux Boreas & Eurus,
Licentiant le gratieux Zephire
Pour aspirer aux veux du puiſſant Sire,
Au Dieu Bacchus rendit graces condignes
Qui tant auoit multiplie les Vignes
                              D   iiii

LE VOIAGE

Que terre adonc portoit pour armarie
Thirſes hachez de Vigne treſflourie,
Dame Ceres qui par miracles haulx
Regenera tous les dons frumentaulx
Remercia Inno ſemblablement
Qui luy auoit eſlargy amplement
Les ſiens treſors comme a ſon propre filz.
Dame Pallas qui luy auoit prefix
Ducteurs expers, & de ſeure conduicte
Pour gouuerner ſi puiſſant exercite.
Puis a Venus rendit louenge & gloire,
De ce quapres triumphante victoire,
Luy ſuſcita Muſes & Adriades
Nymphes des eaues Nappees Heliades,
Qui de leur voix & inſtrumens eſtranges,
Luy ont rendu immortelles louenges.
    Lors ſont ouyz aux manſions diuines,
Maintz beaulx motetz & chancons celeſtines,
Car Dieu ny euſt/ Muſe/ Nymphe, ou Deeſſe,
Qui neuſt le cueur tout remply de lyeſſe.
    En ceſte ioye & triumphe autenticque
Se preſenta vers la court deificque,
Eureuſe Paix dame treſhonoree,
Priſee es cieulx en terre deſiree,
Pres de laquelle/ en grant auctorite
Eſtoit Iuſtice auecques Verite,
De lautre part dame Miſericorde
Mere de Paix, nourrice de Concorde.
Ces Dames lors de grace auctoriſees
Pres Iupiter eſtoient introniſees,
Auquel prie ont en grant reuerence
Que dame Paix pour lors ait audience

Laquelle chofe aux Dames accordee,
Telle Oraifon fut par Paix recordee.

Oraifon de Paix.

Dieux Immortelz fouuerains plafmateurs,
Vraiz Iufticiers des droitz gubernateurs
Qui pugniffez les obftinez & ruddes,
Donnans aux bons gloires/beatitudes/
Remunerant chafcun felon fes faictz.
Ie vous fuply/fi mes dictz imparfaictz,
Ie ofe afpirer en fi noble affiftance,
Que vous vueillez de la voftre clemence
Me pardonner/proteftant que la bouche
Ne dira riens que le cueur ne luy touche.
Or eft ainfi que Mars Dieu trefpuiffant,
Plufque iamais va fon nom acroiffant,
De bruyt & loz tant que fon Diadefme
Eft enrichy de louenge fuppreme,
Ayme aux cieulx & redoubte en terre,
Plus que canons/vuglaires/ou tonnerre.
Et tellement quil detient foubz fes mains,
Comme fubiectz tous les fiecles humains,
Monarches na/Tetrarches/ou Empires,
Qui nait tremble foubz ces fureurs & ires,
Ne Bourgs/Chafteaulx/Manoirs/Villes/Chã
paignes,
Ou nait plante fes Guydons & Enfeignes,
En mer & terre il a faict defployer
Ses eftandars & armes flamboyer.
Que diray plus ? fors que tous lieux terreftes,
En crainte font foubz fes belliqueux Sceptres

LE VOIAGE

La terre en croule & tout lair fen offufque,
Mer en fremyft/& le feu en corufque,
Poyffons/Oyfeaulx/& toutes beftes brutes
Doubtent fes dars furieux & robuftes,
Enfans enclous au ventres de leurs meres,
Craignent fortir pour fureurs ameres.
Et quainfi foit voyez Dame Nature,
Qui nuyt & iour moyennant geniture,
Baftift & oeuure hommes fors & puiffans,
Lefquelz murtrift en la fleur de leurs ans,
Voyez les bledz/vignes/& aultres fruictz,
Que Nature a defa grace produictz,
Menger en vert/& par mains rauiffantes
Iecter par terre/entes/ arbres/& plantes,
Des Temples Sainctz,rompre les Ediffices,
Piller/robber/cuftodes & callices,
Sacrees Nonnains Filles de Iefufchrift
Prinfes a force/ & leur honneur perfcript,
Chafteaulx/Citez/Palais/ & Tabernacles,
Tous ruynez fans couuerte ou pinacles.
O Dieux puiffans/zelateurs damytie,
Du gerre humain vueillez auoir pitie,
En permectant que le puiffant Dieu Mars
Mecte au fourreau/dagues/& braquemars,
Veu quil a eu du monde poffeffoire,
Par fi longs iours quon en pert le memoire.
Et fi ainfi eft que par droit congnoiffez,
Que les mondains ayt poffede affez,
Trefhüblement vous requier quil vous plaife,
Pour les gecter & tirer de malaife,
Me donner lieu en region terreftre,
Tãt quil foit dit quon mait veue en terre eftre,

Ou aultrement on dira que la guerre
Ma exilee & banyee de terre,
Dire on le peult/car puis Cefar Augufte,
Lon ne vit Paix en terre/qui fuft iufte.
Ie ne diz pas quon nait fait des Paix maintes,
Mais quoy/ceftoiét trahifós foubz Paix faites,
Et tout ainfi quen eaue troblee on pefche,
Soubz faulx fermens Trayfon fe defpeche.
Ainfi laiffay la terre pour leurs trobles,
Car demourer ne puis entre gens doubles.
Il fault Amour Verite & Iuftice,
Qui veult auoir de Paix le benefice.
   Or eft ainfi trefhaulx Dieux affiftans,
Quil ya ia Mil cinq Cens & huit ans,
Que nay trouue temps opportun nefpace
De men aller vers la manfion baffe,
Fors a prefent quen region Gallicque,
Ie voy vng Roy triumphant/magnificque/
Plain de vertu/hardy/laborieux,
Cueur magnanime/& bras victorieux,
Et eft celluy quon peult nommer fans vice,
Amy de Paix/zelateur de Iuftice,
Hayant debatz/inuenteur de Concorde,
Chief Belliqueux, plain de Mifericorde,
Dont le Regne eft/tant ou plus decore,
Que cil Saturne en fon aage dore.
Plaife vos doncq Trefhaulte Eternite,
Si que puiffons regir en vnite
Les Siecles bas/que en terre ie defcende
Soubz ceftuy Roy qui me veult de fa bande.

LE VOIAGE
Lautheur.

LEs Dieux oyans de Paix lhumble Oraison
Fondee en droit/equite/& raison,
ʒ Tous dun accord au conseil assisterent,
Auquel fut dit & ainsi decreterent,
Des deux partis le cas bien debatu,
Que le Dieu Mars grandement auoit eu
Pouuoir en terre/& que Lhumain lignaige
Plus ne pouuoit supporter son oraige.
Et ausurplus quant les Dieux forgerent
Leur fille Paix, puissance ilz luy donnerent,
Non seulement es Cieulx mais en la terre,
Dont sembleroit q̃ Mars vouldroit acquerre,
Sur Dame Paix vraye succession,
Par les longs tours de sa possession.
Laquelle chose en droit ne se peult faire,
Lors ont iuge finissant cest affaire
Que le Dieu Mars ses estandars pliroit,
Et Dame Paix en terre descendroit.
Qui lors ouyst la fouldre & le tonnerre,
Que Mauors fist au sortir de la terre,
Bien eust eu cueur plus dur que roc ou marbre,
Sil neust tremble comme la fueille en larbre,
Les aers en sont de pouldres & fumees
Noirs & obscurs,& les eaues embrumes
Doraiges/vens/naufrages & tempestes.
Mais tout soubdain des diuins lieux Celestes,
Paix descendit qui tel clarte donna,
Quen vng moment le siecle illumina.
Les yeulx mortelz de vice intoxiquez,
La cuydant veoir/estoient touz offusquez,

Ainſi laiſſant la Salle ſyderee,
Vint volitant en la chambre Etheree,
Et furent lors ſes doulx yeulx incitez
A contempler villes/chaſteaulx/citez,
Vnes montans en grant preeminance,
Aultres tumbans en baſſe decadence,
La peut choiſir en ruyne giſantes,
Troye & Mede iadis citez puiſſantes,
Rome elle vit qui fut chef des humains,
Demye au bas venant du plus au moins.
   Des grans Pallays/Theatres/Colliſees,
Tous deſrompuz & Medailles briſees,
Ou Empereurs & Chefz des creatures
Souloyent menger/eſtoyent fange & ordures,
   Paix qui Iadis en ce lieu habita,
Print a plourer car pitie lincita,
Diſant ainſi, Poure cite meſchante,
Aux iours eureux quen toy fuz demourante,
Et que Iuſtice en droit tu honnoras,
De bien en mieulx regnas & proſperas,
Mais Iniuſtice auec Diſſention
Men miſrent hors/alors que Ambition
Voulut ſemer au clos de tes murailles,
Conſutemens & Ciuiles batailles.
   Ces motz finiz par eſtranges climatz
Vit eſleuer bruynes & frimatz,
Qui procedoient dun viel gouffre aquatique,
Prenans ſon cours de mer Adriatique,
Deſſus lequel par haultaine diuiſe,
Fondee fut la cite de Veniſe,
En qui va veoir cinq treſllaydes Chymeres,
Filles denfer/& de tous vices meres,

Et font leurs noms/Trahyfon/Iniuftice.
Rapine/Vfure/& leur mere Auarice,
Auec lefquelz Recongneuz Clercs & Lais,
Qui daultruy bien baftiffoient leur Palais,
Mais lors que Paix fe voulut approcher
Pres de leurs corps/euffiez veu defmarcher
Ces Monftres faulx/ cryans par my leur ville,
Comme Lombars de qui la robbe on pille.
    Paix non voulant vfer de violence,
Se retira/fachant que refidence
O telles gens ne luy eft couftumiere,
Car tout ainfi que obfcurte & lumiere
Ne fe pourroient enfemble incorporer
Auec Vertu ne peut Vice durer,
Parquoy en laer fes aelles efbranla,
Laiffa Venife en France fen alla,
Et la eftant a fes doulx yeulx effars,
Pour contempler France de toutes pars,
Ou elle vit fans Difcorde ou Faintife
Sa feur Iuftice en Trofne dor affife,
Pres de la quelle aperceut lhumble Ancelle,
Dame Police aifnee fille delle,
De lautre part foubz haultains Tabernacles,
Haulx efleuez & antiques Pinacles
Vit triumpher en gloire magnificque
Noftre grant Mere Efglife Catholique,
Laquelle auoit affociation
De Dame Foy auec Deuotion.
Puis regarda par Boys/Villes/& Champs,
En feurete marcher loyaulx Marchans,
Laboureurs vit repaiftre en leurs maifons
Sãs crainde ou peur/ plus fiers q̃ gétilx homs,

Plus les pilloyét Cordeliers/Moynes, Carmes
Que Auáturiers/Frács Archiers/ny géſdarmes
Semblablement ſur menues herbettes
Vit Paſtoureaux garder leur brebiettes,
Riens plus/q̃ Loups ne leur menoiét la guerre,
Car ſeurs eſtoient des hommes de la terre.
   Paix de ce veoir treſgrandement Ioyeuſe,
Commence a dire/O Nation heureuſe,
Tant ſont tes iours fulciz & decorez,
Tant eſt ton Roy entre les Bieneurez
Digne de loz/qui par geſtes belliques
De iour en iour enrichiſt tes Chroniques,
Car puys Clouis/ſans les aultres blaſmer/
Plus puiſſant Roy lon ne ſcauroit nommer,
Ceſt celluy ſeul qui a mene la guerre
En lieux forains/laiſſant Paix en ſa terre,
Faiſans les Rocz & Montaignes crouller,
Et guerre (a droiĉt) ſans ſon peuple fouller,
   Diſant ces motz/de rechef ſen volla
Parmy les aers/regardant ca & la,
Et tellement quen la fin ſeſt geĉtee
Dedans Cambray/ou elle fut traiĉtee
De Pape/Roys/Empereur/Ducz/Marquis,
Si noblement & de metz ſi exquis,
Quil neſt poſſible en telz aĉtes mieulx faire.
Chaſcun adonc voullant ſauoir laffaire
De Dame Paix/luy vont faire requeſte,
Que lors luy pleuſt ſans plus vſer denqueſte
Leur raconter la cauſe & la raiſon
Qui lamenoit en icelle maiſon.
Lors commenca leur deduire comment
Elle venoit par le commandement

LE VOIAGE

De tous les Dieux pour gouuerner soubz elle
Tous les Climatz de terre vniuerselle,
Apres leur dist comme elle auoit este
Par tous les lieux de la Chrestiente,
Ou auoit veu lieux pour elle propice,
Que luy gardoient Verite & Iustice,
Fors quen vug lieu vers la mer Adriane,
Quelle congneut en basse Barbacane,
Dedans vng gouffre obscur & bruyneux,
Venicien/Cinq Monstres merueilleux,
Les quelz si tost que de loing laduiserent,
Vindrent vers elle/& hors la dechasserent,
Les assistás qui Paix eurent entre eulx,
Couclurent lors dun desir vertueux,
Pour & affin quelle peust dominer
Chrestiente/& soubz elle regner,
Quilz chasseroint de ces gouffres marins
Ces chiens denfer & monstres Barbarins,
Pour en ces lieux mectre en auctorite
Dame Iustice/auecques Verite.
   Adonques Paix congnoissant leur entente
Sen volle en laer/dauecques eulx sabsente,
Et la demeure actendant que Iustice
Parmy le Monde ayt mys droit & police,
En delaissant iusques a son retour,
Entre Seigneurs Vnion & Amour.

Exortation aux Princes Chrestiens.

EN la forest de ce Monde terrestre,
Ou selon Dieu chascun doit en Paix estre,
Sest esleue vng Lyon rauissant,

Griffant/mordant/a dextre & a feneftre.
Accumulant en fa cauerne & eftre
Clos; Manoirs/Parcs/& le fruict deulx iffant,
Ia auoit il du Chefne flouriffant
Ronge le gland/& par force & cautelles
En allebrant du grant Aygle les aelles,
Iecte fes grifz fur la queue au Serpent,
De tous Clymatz paifibles ou rebelles
Mengeoit les fruictz & poffeffions belles,
De biens daultruy (fans paour) chiche defpéd.

Alors iouy fouffler par la foreft
Vng Porc Efpic/qui voyant lintereft
Quon luy faifoit/bruoyt oultre mefure,
Ses dars froncoit tant qua veoir fon apreft,
Bien fe monftroit delibere & preft
Garder fes Parcs & Royalle pafture,
Laygle haultain defpit de la fracture
De fon plumaige/entend a y pouruoyr.
Aultres Oyfeaulx adonc firent deuoir
De facouftrer pour le Lyon deffaire,
Vng Efpaignol vint brillant pour auoir
Quelque boyau/comme fachant pour voir
Que du Lyon curee on debuoit faire.

Ce fier Lyon non affouuy de prendre,
Rapinoit tout foubz efpoir de non rendre,
En enfuyuaut fa Loy faulfe & inique,
Qui dit quon neft dufurper a reprendre,
Mais quen rendât on pourroit bien mefprédre
Contre fainct Marc/la chofe publicque,
Quil foit ainfi le premier qui explicque,

E i

Par bon conseil de rendre aulcune chose
Par ceste Loy / a dure mort sexpose,
O faulce Loy / Lyon qui tout desrobe,
Le temps approuche / auquel fault q̃ depose
Lauoir daultruy / car Dieu veult & dispose
Que tu nays riens / fors ta premiere Robbe.

Pere tressainct bié vous vouldroys requerre,
Que du pouoir que vous laissa Sainct Pierre
Le mauldissez comme Cain filz Dadam,
Et rengregez dun si rudde caterre,
Que abisme soit au Centre de la terre,
Comme Iadis Abiron & Dathan.
De voftre Chesne il a mengele glan
Et voftre auoir auec le sien enferme,
Faictes sonner dedans Rome lalarme,
Remectez sus Scipions & Cesars,
Et quil ny ait Prestre / Moyne / ne Carme,
Qui a present ne trenche du Gendarme
Pour expulser ce Lyon de voz Parcs.

Comment Lyon ? mais cruelle Chimere,
Qui transgloutist & deuore sa mere.
La saincte Esglise ou vous estes le Chef,
Moftrez vous donc Naturel & vray Pere,
Et ne souffrez que ce Baftard Vipere
Face sur vous si horrible meschef,
Car pour venir de son emprinse a chief,
Sefforce mettre aux Chreftiennes places
Chiens Barbarins / extraictz de viles races,
Turcs / Tartarins / Mammelutz / Mahometz,
Pourtant Prelatz tournans a Dicu voz faces,

Conuertiſſez voz roquetz en cuyraces,
La Croce en lance, & Miſtres en Armetz.

Sacre Auguſte Empereur magnificque,
Vollant ſur terre en puiſſance bellique,
Ainſi que Laigle ayant vol iuſq̃ aux Cieulx,
Permettrez vous que dune gent inique
Soit occupe Lempire Ceſarique,
Dont poſſedez les Sceptres glorieux?
Rememorez que faictz victorieux
Font viure lhomme en memoire eternelle.
Si vous ſoffrez que vng oyſeau de baſſe aelle
Au nid de Laigle aille a force loger,
Voſtre hault nõ trop plus luyſant q̃ eſtoille
Se ternira par reproche immortelle,
La vie on meçt pour lhonneur en danger.

Marchez aux champs/ſucitez voz Guydõs,
Faictes ſonner trompes/fifes/bedons,
Et reueillez Allemans & Germains,
Meçtez ſus dardz/lances/picques/bourdons,
Artillerie/ & tous aultres baſtons.
Pour debeller ces Larrons inhumains,
Des ans ya quatre vingts quen leurs mains
Tiennent Vicence auſſi Pade & Veronne,
A vous ilz ſont/raiſon veult & ordonne,
Que les ayez par bonne & iuſte guerre.
Si ie dis mal/pour Dieu quon me pardonne,
Mais nul neſt digne auoir Sceptre ou courõne,
Sil na le cueur de defendre ſa terre.

Treſchretien verueulx Roy de France.
                                    E ij

LE VOIAGE

Portant le Lys qui du Ciel print naissance,
Sacre de Lhuille aux Saictz Cieulx embasmee
Fort Hercules dinuincible puissance,
Venez dompter & bourer a oultrance
Le fier Lyon en la forest Nemee,
Vaincu auez le More & son armee,
Genes soubmis/ ses orgueilz abbatuz,
Ce sont les chiens que vous auez battuz
Deuant ce fier Lyon insatiable,
Qui non pourtant gette ses grifz pointuz
Sur Pape/ & Roys/ sur le Turc, encore plus,
Ainsi robe il Dieu/ le Monde/ & le Dyable.

Si tant de Roys par haultain Priuilege,
Papes plusieurs ont remis en leur siege
Ne souffrez pas quen voz bien eurez iours
Ce fier Lyon marche en ce sainct College,
Nen vostre terre, Ains lattrapez au pyege,
Car vng larron ne doibt regner tousiours,
Et pour ce cas faictes sonner tabours,
Marcher vostre ost & belliqueux charroy,
Faictes trembler au son de ce Beffroy
Villes/ Chasteaulx/ Alpes/ Rocz/ & môtaignes
Tant que chascun dye le tresbon Roy
Loys douziesme en triumphant arroy,
Dedans Venise a plante ses Enseignes.

Roy Catholic tresillustre & puissant,
Croissant en force/ en vertu florissant,
Digne de loz & dimmortelle gloire,
Pour Dieu voyez ce Lyon rauissant
En voz Pastis fueilles & fruicts paissant

Comme dedans son propie territoire,
Deschaffez le par main gladiatoire,
Car le vouloir de ces communaultez
Est de submettre Empires/Royaultez,
Pour estre en fin Seigueurs de tout le monde,
Mettez vous sus/domptez leurs cruaultez,
Car Dien voyant leurs grans desloyaultez,
Veult & permett quen bref on les confonde,

Faictes mouuoir sur ce Fleuues marins,
Barques/& Nefz/Galliens/Brigandins,
Pour effrondrer ses Escumeurs coursaires,
Mettez sur champs Espaignolz/Bisquains,
Lances/Harnoys/& Canons/Serpentins,
Estradiotz/& legiers Genetayres,
De Ysles failles Cameaulx & Dromadaires,
Tant quil soit dit par toute la Monarche,
Voyla vng camp/qui en grant fierte marche,
Pour rendre serfz ceulx q veullent côquerre,
Veniciens qui tenes en vostre Arche
Les biens daultruy faictes vne desmarche,
Cara ce coup perdrez honneur & terre,

Rondeau,

DE mon conseil Seigneurs Veniciens
Ains que crier deslogez de ceans,
A vng chascun pensez de satiffaire,
Ou aultrement ie vous verray deffaire
Et mettre nudz ainsi que Egyptiens,

Auant souffrir les assaulx Martiens,
                                    E iij

LE VOIAGE

Rendez au Pape & Princes Chrestiens
Ce qui est leur/car vous le debuez faire.

De mon conseil.

Des biens daultruy vous estes terriens,
Rendez les donc puis que ny auez riens
Sans iamais plus aleguer le contraire,
Ou lon mectra voz corps en tel affaire,
Quil ny fauldra point de Cirurgiens.

De Mon Conseil.

De La Fondation de Venise, Et des Loix & Meurs des Venitiens.

VNG Athila de Hunnes puissant Roy,
Apres auoir par millitant arroy
Reduit a soy la Nation Lombarde,
Aulcuns ruraulx redoubtant son charroy,
Prindrent la fuyte en merueilleux effroy,
Par tous Climatz querant leur Sauluegarde,
Voyans nauoir en terre seure garde,
Pour eulx sauluer sur la mer se gecterent
Aupres dune Isle inhabitee ancrerent,
Entrez dedans chascun bastist & oeuure,
Sur Pillotiz leur ville commencerent,
Laquelle puis Venetias nommerent,
Necessite mect les lasches en oeuure.

Dessus le bord de Mer Adryaticque
Bastie fut Venise Lauctenticque

Par ces ruraulx & campeſtres Lombars,
Lung faict maiſon, lautre du tout ſappllicque
Peſcher en mer/chaſcun cerche praticque,
Neceſſite eſt la mere des Ars,
Larrons Bannys par tous pays eſpars,
Fuyans Iuſtice & demandans franchiſe,
Vindrent peupler la Cite de Veniſe,
Galleres font/toutes Mers eſcumerent,
Lung robbe & prent/lautre vſe de main miſe,
Lung ſenrichiſt & lautre ſanctoriſe,
En tel facon creurent & pullulerent.

Lan Quatre Cés cinquãte quatre en ſomme,
Regnant pour lors es parties de Rome
Pour Empereur neufieſme Martian,
Prindrét leur naiſtre en deſrobbant tout hóme
Par terre & mer/Voyla la facon comme
Firent la Loy qui en a il eſt ſien,
Laquelle ilz ont/puys gardee ſi bien
Qui neſt royaulme/Empire/ne Duche,
Ou ces Peſcheurs nayent prins & peſche,
Prendre & non rendre eſt leur droit & ſtatu,
Et quelque dict que lon leur ayt preſche
Prendre eſt bien faict/ mais de rédre eſt peche,
Gens vitieux font de vice vertu.

Les grans larrons faignans donner police,
Au bien public eſtablirent Iuſtice,
Dont ſe font faictz Maiſtres & Gouuerneurs
Vſans du droit/comme va leſcreuice,
Car le pecheur iuge celluy ſans vice,
Ainſi les grans deuorent les mineurs,
                                E iiij

LE VOIAGE

Et pour auoir des Nobles les honneurs
Dun fier Lyon firent leur armarye,
Ayans les piedz en mer terre & Praerie,
Difant quon doit prandre par tout qui peult,
Ce quilz ont fait/car par Rap/ Tromperie,
Ont augmente & creu leur Seigneurie,
Malle herbe croift trop plus quelon ne veult.

Faire cuydoient comme antiques Romains,
Mais leur terrouer na fceu porter les mains
Ne les fiers bras des Cefars & Pompees,
Ie fcay affez quilz ont eu daultres maintz
Bõs chefz de guerre Hõgres/Lõbars/Germais
Qui pour eulx ont au trenchant des efpees
Gaigne Chafteaulx/& Villes vfurpees,
Penfant auoir pour leur haultes conqueftes,
Arcs de Vaoire & triumphes honneftes,
Ainfi quauoient Romains dantiquite.
Mais ces villains pour loyer de leurs Geftes,
Baillent Boucons/ ou leur couppêt les teftes,
En peuple traiftre il ny a feurete,

Pour deux raifons, comme iay peu fauoir,
Les font mourir, lune quilz craingnent veoir
Quele commun deuant eulx fe prefere,
Lautre que a faire leur deuoir.
Tous leurs Chafteaulx, Villes, or, & auoir,
Ne fuffiroit a bien les fatiffaire.
Or filz prenoyent quilz defirent attraire,
Lamour du Peuple/ilz font en grant balance,
Quant de bailler, or, argent, & cheuance,
Leur nature eft daller tout au contraire,
Par quoy concluent pour euiter defpenfe,

Que male mort fera la recompenfe,
Seruez telz gens vous aurez tel falaire.

Si vous lifez leurs geftes & Chronicques
La grant horreur de leurs faitz tyrannicques
Fera tremeur en leurs cueurs & courages,
Tigres/Lyons/Ours, Serpens/Bafilicques
Sôt plus humains en leurs creux & bouticques
Que ces vilains quant entrent en leur rage
Tant de leurs ducz par cauteleux oultrage
Ont mis a mort que piteux eft le compte.
A ce propos Senecque nous racompte
Que feigneurie inique ou trop iniufte,
Ce neantmoins que par vng temps monte
Le iour aduient quelle tombe a fa honte
Comme la tour qui neft baftie au iufte.

Sur Empereurs/Roys/Marqs/ducz & Prices
Ont tant griffe de leurs mordans efpinces
Quilz ne pourroient de perte exempter.
Les vngs y ont perdu terres/Prouinces
Et les ancuns font deuenuz fi minces
Quil neft poffible eulx iamais remonter,
Non affouuiz du temporel dompter
Sur fain&e Eglife Chriftianiffime
Rauenne ont prins cite de groffe eftime
Fayence auffi eft tumbee en leurs trappes
Et oultre plus qui eft horrible crifme
Des Euefches/benefieccs & difme
Vont difpofant comme filz fuffent Papes,

LE VOIAGE

Ainsi ont prins les biens du Crucifix
Comme Larrons en larrecin confiz
Pour desrober Dieu/le Monde & le Dyable
Monstrans assez quilz sont du Dyable filz
Quant auec Turcs pour faire leurs prouffitz
Sont frequentans qui est chose damnable,
Toute Censure ilz reputent a fable
En desprisant du Pape la puissance,
Autre Dieu nont que Lor, cest leur creance,
Faulte de Foy les vous ont renduz telz,
Et quainsi soit plus leur est de greuance
Mille Escus perdre en or ou en cheuance
Que auoir commis Mille pechez Mortelz.

Mais Dieu voyant que satiffaction
Ne veullent faire/& que obstination
Les tient liez par folle accoustumance
A inspire par diuine action
Les cueurs des Roys a faire paction.
De iuste Paix & prendre deulx vengeance,
Dentre lesquelz le puissant Roy de France
Loys Douziesme a voulu condescendre
Au vueil de tous premier sur eulx descendre
Sans leurs secours ainsi fut delegue
Lequel accord ie ne puis bien comprendre,
Fors que craintifz ne veullent chemin prendre
Par telz maretz sans essayer le gue.

En ce traicte premier estoit le Pape
Lequel vouloit remettre soubz sa chappe
Sarresane/Cernye aussi Fayance.
Lempereur veult retirer de leur trape

Plusieurs Citez Dimperialle estape,
Comme Veronne & Pade, aussi Vicence.
Le Roy pretend a toute diligence
Remettre a soy Creme & Bresse la gente,
Bergame/aussi Cremonne loppulente,
Toutes Citez du Duche de Milan.
Le Roy Despaigne a vouloir & attente
Ande rauoir/Mane/Traue, & Ottrante
Auant quil soit venu le demy Lan.

Ainsi chascun se delibere aux Armes,
Gaigēt Pietōs/Frācs archiers/hōmes darmes,
Postes/Heraulx a Venise on enuoye.
France sesmeut Rome court aux guisarmes,
La Germanie entendant bien les termes,
Auec Espaigne aux armes se conuoye,
Mais touteffois nul ne se meȝt en voye,
Fors que le Roy/qui dung hardy courage
Se gette aux Champs auecques son Bernage,
Tant que soubz luy trēblēt rocz & mōtaignes,
Car comme on dit en vng commun langaige
La ou le Roy en armes fait passage
Dix ans apres y restent les enseignes

Qui est adonc Rustres Auenturiers
Testes leuer/courir aux Armuriers
Cestoit plaisir/car chascun deulx bien cuyde
En cestuy an tous estre Tresoriers.
Dit le Picard/plais Dieu ches Vsuriers
Me rempliront me bourche qui est vuyde.
Par sainȝt Miquel se Dieu nous est en ayde
Dit le Normant/ie reuiendray grant mestre

LE VOIAGE

Bo cap de hieu, non fapi que bol eſtre
Reſpond adonc Arnoton de Gaſcongne,
Mais ſi pody ſur quelque vng la main mettre
Sil na ducatz & fut il Monge ou Preſtre
Iou le batray comme vng billain Ibroigne.

Normanuille a deſſoubz ſes eſtandars
Mille & cinq Cens Normans hardiz ſouldars,
Cinq Cens Picars. Montcauray a mis ſus,
Cadet duras ameine de ſes pars
Mille Gaſcons/humains comme Lyepars,
Ayans les doys auſſi prenans que glus
Puis autre mil ſans Malle ne Bahuz,
Le cappitaine Odet meất ſur les champs.
Moullart conduit mille loyaulx Marchans,
Bayard cinq cens/le ſeigneur de la Crote
Autant en a auecques luy Marchans,
Gens de conſeil/iuſtes & non meſchans
Car voulentiers payent deux foys leur hoſte.

Mil hommes a le ſeigneur de Vaudeurſſe
Qui ne vouldroient forger vne fineſſe
Pour cent marcs dor tant ſont de conſcience,
Rouſſillon mil gens tous plains de ſageſſe,
Car auant lan chaſcun deulx ſe confeſſe,
Cinq ou ſix fois ceſt belle repentance.
Ymbault Cinq Cens hommes de grant ſcience,
Auſſi raſſis comme beau vif Argent
Autres Cinq Cens en ordre bel & gent
Marchent de hait ſoubz le cheualier Blanc
Bons eſcoliers diſciples de Pregent,
Tant liberaulx ilz ſont a toute gent

Quilz ne manient iamais vng petit blanc,

Le bon seigneur du Tresuel en a Mille
Qui ont iure ne porter croix ne pille
De peur dauoir le bruit deftre vfuriers,
Puis Oliuier de Silly homme habille
Cinq Cens en a/toute bonne famille
Doulx côme Chatz, loyaulx côme Meufniers.
Richemont mayne autant dauenturiers,
Vrays innocens au defroc/Dez/& Flus
Comme Iudas fut de la mort de Iefus.
Puis les cinq cens Iaques cor font merueilles,
Monfieur Defpic cinq cens;& au furplus
De Pionniers Cinq Cens tant maloftrus
Quilz ne fauroient finer trois cens oreilles.

Adonc veiffiez Eftandars & Guidons
Getter au vent/fonner Fiffres, Bedons
Ruftres marcher plus fiers Queftradiotz.
Baftons a Feu, Serpentines/Canons,
Font vng tel bruit quil femble que les montz
Doyuent tomber deffoubz les chariotz,
Les Pionniers y font en chair & os,
De Pics & paulx & grans barres garniz
Trenchent les Rocz/font les chemins vniz,
Laquelle chofe eft difficille a croyre,
Mais ce font gens fi de vin font garnis
Qui coupperoient quatre montz de Senis,
Rien ne leur eft impoffble apres boire

Et pourautant qua Genes iufqua lherbe
Rongeoyent par tout/ pilloient lyen & gerbe,

LE VOIAGE

Le Roy icy leur bailla Capitaines,
Nobles scauans/car ce dit le Prouerbe
En peu de temps Vilain se rend superbe
Sil na vng chef qui luy serre les veynes.
Douceur Dabbesse atraict Nonnes mõdaines
Myre piteux rend infaicte la playe,
Dont est bien droit qua telz gens on employe,
Homme vaillant/robuste & de maison,
Car si le Serf deuant le chef ne ploye
Le chef nest digne a gonuerner vne Oye.
A pesant Beuf il fault dur esguillon.

Auenturiers iusqua Millan marcherent
Passant pays honnestement payerent,
Lhoste est eureux qui auec eulx praticque.
Ainsi viuans Alpes & Rocs passerent,
Leur chefz de guerre ainsi le gouuernerent
Brebis sans paistre entrét au chemin oblicque,
Qui lors les veit marcher dessoubz la Picque
Dire pouoit contemplant leur maintien
Que quant a eulx Suisses nest plus rien,
Ilz ont le cueur/force/sens & vaillance,
Ayment leur Roy/parquoy dy & maintien
Que qui vouldra les gaiger aussi bien
On trouuera prou Suysses en France.

Le Roy sachant par vraye experience
Quen fait de guerre il nest que diligence
Part de Lyon deuers Grenoble tire.
Le Peuple lors regrettant son absence.
Larmes aux yeulx disoient en reuerence
Nostre bon Roy Dieu te vueille conduyre

Lung le regrette/autre plaint & fouſpire,
Lautre mauldit qui le conſeil luy donne,
Diſant ainſi/ Lon ne doit la perſonne
De noſtre Prince ainſi mettre en haſart
Lautre reſpond ta raiſon neſt pas bonne,
Car des brebis que Paſtour abandonne,
Souuent le Loup en deuore a leſcart

Bourgeoys/Marchans & Peuples Mecaniꝗs
Sont to⁹ perplex en leurs bancs & Boutiques
Preſtres en pleurs conuertiſſent leurs chantz.
Mais leurs douleurs ſont fleurs aromaticques
Au pris de veoir poures Payſans Ruſticques
Tordre leurs mains, cryans parmy les champs
Diſans ainſi, Prenons glayues trenchans,
Prenons Harnoys, prenons cottes de Maille
Et le ſuyuons en quelque lieu quil aille,
Ceſt noſtre Roy noſtre pere & appuy,
Car mieulx nous vault ſoit deſtoc ou de taille
Le deffendant mourir en la bataille
Que de languir en douleur apres luy.

Encor neſt riens enuers la grant deſtreſſe,
De noſtre bonne & loyalle maiſtreſſe
Royne ſans per Ducheſſe de Bretaigne
Qui congnoiſſant que le chef de nobleſſe,
Son vray eſpoux labandonne & delaiſſe
Pour guerroyer en mortelle Champaigne,
En pleurs & plains/& en larmes ſe baigne
Conſiderant que fortune eſt muable
Et que partye eſt forte & guerroyable,
Mais qui pis eſt traiſtres & cautelleux.

LE VOIAGE

Puis fent le cueur fon mary tant notable,
Qua ieu de guerre onc ne dift a la table,
Pluftoft iouroit a quatre ieux les deux,

Pour ces raifons en douleur vehemente
Son cueur Royal iour & nuyt fe tourmente
Sentant le iour du depart approcher
Lequel tant plus fapproche & plus augmente
Ses grans douleurs/ car brief fe voit abfente
De tont le bien quau monde tient plus cher,
Lors elle veult fon voyage empefcher
Confiderant lyffue dangereufe
De dur eftour en bataille doubteufe
Ce que ne peult/ mais fault abandonner
Le fien mary dont elle eft angoiffeufe,
Bien congnoiffant quen guerre perilleufe
Seur eft laller/ doubteux le retourner,

Or eft le Roy de Lyon departy,
La Royne adonc ne luy fault departy,
Ains le conuoye & craint la de partie,
Le cueur ayant perplex & efparty
En difant guerre Helas ce vient par ty,
Quant de mes yeulx abfentes ma partye
Si de noz corps prefent faitz my partye,
Les cueurs loyaulx demeurent ioincts a part
Dont neft poffible en faire le depart,
Car fans difcord en toute part yront
Et fi quant Mort qui tous humains efpart
Vouldra des corps prendre mortelle part,
Pource les cueurs ia ne defpartirout,

Le Roy/la Royne a Grenoble arriuerent,
Princes & Ducs auecques eulx marcherent,
Comme Alaçon/ Bourbon, Fouez & Dunois,
Vendofine auffi, & Calabre affifterent,
Lefquelz pour lors inceffamment parlerent,
De graus Courffers/Haches/Bardes, Harnoys
Plus neft parle de Iouftes & Tournoys
Faiz a plaifir, Mais de Guerre a oultrance,
A Feu & Sang, car le preux Roy de France
A iufte droit veult fes Terres rauoir.
Venitiens qui en ont fouyffance
Mettent fur champs groffe Armee & puiffance
Deliberez de bien les receuoir,

OR eft Mõtioye alors premier Roy darmes
Homme difcret/trefelegant en termes,
De par le Roy a Venife tranfmis,
Lequel charge de ce dont eft commis.
Se mect en voye, & fans faire feiour
Du Moys Dauril le quatorziefme iour
Mille Cinq Cens & Neuf enuiron nonne
Entra dedans la Cite de Cremonne,
Defa Cotte darmes lors reueftu,
Monftrant face Dhomme de grant vertu,
Deuant luy fift marcher & auant mettre
La Trompette de Monfieur le grant Maiftre,
Lequel portoit defploye en fa Trompe
Des fleurs de Lys la Baniere en grãde pompe,
En ceft eftat dedans Cremonne entrerent,
Ou toft apres leur charge declarerent,
Apres difner de leurs armes Royalles
Bien acouftrez vindrent dedans les Salles

F j

LE VOIAGE

Du grant Palays, dedans lequel eſtoient
Pluſieurs ſeigneurs qui Montioye attendoient
Entre leſquelz auoit auctorite
Le Cappitaine eſtant en la Cite
Semblablement y fut le Poteſtat
Des plus auans/ainſi que a ſon eſtat
Appartenoit, Deſquelz en la preſence
Ledit Montioye auec toute ſilence
Aſſeureement comme au cas bien inſtruit
Leur propoſa le narre qui ſenſuit.

Harengue de Montioye a ceulx de Veniſe eſtans dedans Cremonne.

SEigneur Cappitaine, & voꝯ Poteſtat le treſ
chreſtiē Roy mon ſouuerain Seigneur mẽ
uoye vers voſtre ſeigneurie de Veniſe pour leur
notiffier & declarer ſon vouloir. Et ma expreſſe
ment charge paſſer par ceſte Cite/laquelle il dit
eſtre ſienne pour les Raiſons & cauſes que iay a
dire au Duc & Seigneurie dont vous eſtes ſub»
iectz & ſeruiteurs. leſquelz bōnement ne ſe peu
uent vuyder que a la poincte de Leſpee. Moy
comme ſon premier Roy darmes/ ſoubz le nom
& tiltre de Montioye vous Somme de rendre &
reſtituer la Cite de Cremonne occupee par voꝯ
au Treſchreſtien Roy mon ſouuerain ſeigneur.
Enſemble les Fortereſſes & Chaſteaulx,& icel»
les mettre es mains Meſſire Charles Damboiſe
Cheualier de Lordre, grãt Maiſtre/ Mareſchal
& Admiral de France, & Lieutenant General
pour ledit Seigneur es parties Dytalie, vuydãs

hors dicelles voftre exercite darmes. Et a voftre
refus ie vous declaire ledit Seigneur Trefchre-
ftiē Roy voftre Ennemy mortel. Et de ceſte heu
re & pour le iour dhuy, & les autres ſubſequens
vous denōce la guerre mortelle/telle q̃ Frācoys
ont acouftume de faire qui eft a Feu & a Sang,

Lautheur,

LE Cappitaine Acharit Coutarin
Acompaigne dung autre cault & fin,
Grant poteftat dit meſſire Loys,
De cap de Mulle aſſez peu reſiouys
Diſcretement vont faire la reſponſe
A tous les poinctz que Montioye denonce,

Reſponſe de ceulx de Veniſe
a Montioye,

SEigneur Montioye entant que vous nous
denoncez la Guerre mortelle de par le Roy
voftre, noftre Ennemy mortel/ a faulte de refti-
tution de ladite Cite & Forterefſe/ ie vous adui
ſe que de ce faire nous nauons nulle charge de
noftre Sereniſſime Pricipe, ne de noftre illuſtriſ
ſime Seigneurie. Et no⁹ defplaift dauoir la guer
re cōtre vng ſi puiſſant Roy, laditte Seigneurie
a luy confederez; Mais puis q̃ ainſi eft que guer
re fault auoir nous nous deffendrons gaillar-
dement,

LE VOIAGE
Lautheur.

Montioye adonc qui defire & appete
Faire fa charge auecques fa Trompette,
Part de Cremonne, attaint de Mer la riue,
Qui le conduit/tant qua Venife arriue,
Mect pye a fec monte iufquau Palais
Ou il trouua nobles Marchans, Clercs/ Lais,
Auecques eulx leur Duc Sereniffime,
Quon peult iuger vng chiffre en Algorifme,
Lequel tient lieu, & de foy na pouuoir,
Mais feulement fait les autres valoir.
Montioye alors fans grant dilation
Faire leur va telle Sommation,

Harengue de Montioye a la Seigneu-
rie de Venife.

LE Trefchreftien Roy inuincible mon fouue-
rain feigneur menuoye deuers vous/prefent
Duc. Et vous anciens Patrices reprefentans la
feigneurie de Venife, pour vous dire & remon-
ftrer les grades offefes/oultraiges/& faulx tours
que luy auez faitz en plufieurs & diuerfes ma-
nieres, contreuenans a lamitie & côfederation
par vous autreffois conclue & iuree auecques fa
maiefte Royalle. Comme dônans ayde, faueur/
& fecours, tant par mer que par terre a fes En-
nemys, & pourchaffer de tout voftre pouuoir, le
voulant nuyre. Cuydant quil fe voulfift faire
plus grant es parties Ditalye, Et pour lennuy

& Contention de dominer que vous auez eue
alencontre de luy,côtreuenans contre voz pro
meſſes iurees(comme dit eſt)& comme ſe prou-
uera veritable.Et meſmement du derrenier ap-
poinᶜtement hors la trefue que auez fait,auec-
ques le treſſacre Empereur des Romains, lors
Ennemy du Roy Treſchreſtiẽ. Auquel appoin
ᶜtement faiſant ledit Seigneur a bien congneu
que auiez en deliberation dengendrer vne nou
uelle Guerre pour touſiours vouloir entrepren
dre ſur luy/en vſant de voz praticques conſtu-
mieres/luy cuydant donner ennuy & conſom-
mer ce que ne pourriez faire.Et pour ceſte cau-
ſe,en obtemperant aux admonneſtemens, Re-
queſtes & perſuaſions de noſtre Sainᶜt Pere le
Pape voyant quil a fait & conclud auecques le-
dit treſſacre Empereur,& le Treſchreſtien Roy
mon ſouuerain Seigneur fraternelle amytie/al-
liance,& confederation perpetuelle,Ioinᶜtz a-
uecques eulx le Roy Deſpaigne,& aucũs Prin
ces Chreſtiens,comprins es traiᶜtez dalliance,
ſur ce faitz,Iurez, & anathematiſez a faulte de
lentretenemẽt diceluy qui eſt vne treſſainᶜte li-
gue comme chaſcun croit. Conſiderant que ceſt
pour le bien & augmentation de la Foy & Reli
gion Chreſtienne.Pourquoy ie vous declaire
que ledit Seigneur Treſchreſtien mon ſouue-
rain Seigneur inuincible, quil quiᶜte & renon-
ce a toutes voz aliances,amitiez & confedera-
tions ſoy declarant voſtre Ennemy mortel/com
me infraᶜteurs de Paix, & vſurpateurs des biẽs
de ſainᶜte Mere Egliſe,de laquelle il eſt le vray

LE VOIAGE

legitime & aifne filz, & a luy appartient p rine
pallement le regard fur telles matieres/voulant
eftre le vray imitateur/fuyuãt les vertueux faitz
& geftes de fes anciens Progeniteurs Trefchre
ftiens Roys de France. Auquel appartiét la cõ
gnoiffance pour vous contraindre de faire refti
tution des chofes par vous Vfurpees. Et fur ce
point ie vous Notifie la Guerre mortelle, tant
par Mer ã par Terre, a Feu & Sang en tous les
lieux ou refiftance fera faicte, & iufques a ce que
preallablemét reftitution foit faicte des chofes
par vous vfurpees, tant a luy comme au Sainct
Siege Apoftolicque, & au treffacre Empereur,
& au Roy Defpaigne. Et autres cõprins en ce
fte dicte ligue. Ledit Trefchreftien Roy prent
Dieu a fon ayde/auec fon bon droit. Proteftant
alencontre de vous que fi perte/dommaige/ou
inconuenient en aduient en la Chreftiente que
ce fera par voftre faulte & coulpe.

Rondeau.

DE Venife la grant Cheualerie,
Douyr ces motz, & de veoir Larmarie
Des Fleurs de Lys, chere font affez malle,
Car deuant eulx/& en Chambre Ducalle
On leur monftra leur faulte & tromperie.

La gloire voyent des Geneuoys tayrie,
Le More prins, fa puiffance perie,
Dont doubtent fort leur Ville Capitalle,
De Venife.

Leur Duc adonc portant chere marrye
Difcretement fans quen rien il varie,
Va propofer fa Harengue totalle,
Difant. Herault de maiefte Royalle
Ie vous refpons de par la Seigneurie
  De Venife.

Refponfe du Duc de Venife
  a Montioye.

NOus auons entendu ce que nous auez rap
porte de la part de voftre Roy, nous ac-
cufans deftre infracteurs de noftre Foy & Pro-
meffe. Herault il ne fe trouuera poit que iamais
fut par nous caffee, ne venir au contraire de ce
que promis a efte. Et mefmement contre le Roy
de France. Et au furplus iamais neuffions creu
que vng fi grant Prince/comme le voftre Tref-
chreftien Roy euft fi legierement prefte Loreil
le a vug Pape tel quil eft, & (comme chafcun
fcet) a vng Prebftre (lequel ne voulons nom-
mer), & de les vouloir croyre fommes fort ef-
merueillez, & faire que a lenr Pourchatz ledit
Seigneur Trefchreftien foit Ennemy dune fi
puiffante Seigneurie que la noftre. Vous aduis
fant que des chofes quauez dictes/ nous efpe-
rons en Dieu que la Maiefte Royalle du Roy
voftre/fcaura & congnoiftra toute la verite.
Et que celluy a qui en fera la faulte fera pugny.
Et efperons encores eftre amys de fa Maiefte
Royalle a layde de Dieu, ou finon nous tache-
tôs a nous deffendre. Et vo⁹ prie Herault q̃ vo⁹

LE VOIAGE

en faciez relation au Chriſtianiſſime Roy. Et
ſur ceſte parolle partez & vous en allez.

Lautheur.

Montſoye part/& ſans dilation.
Abandonna Palais & Tabernacle
Ne demanda faire collation.
Craignant trouuer pour ſa refeſtion.
Quelque morceau deſprouueur de Triacle.
En celluy temps par prodige & Miracle
Leur Arcenac fut enflame & ars,
Vng grant Marcou le Dyable par ſes ars
Miſt par eſclatz deſcler/fouldre & bruyne.
Dont croyre fault que ceſtoit le dieu Mars
Qui menaſſoit leurs Regions & Pars,
Prenoſticant leur finalle ruyne.

Dedans Sainſt Marc fut trouue en ſculpture
Graue au mur vng merueilleux Augure
Dung Coq creuant a vng Regnart les yeulx.
Car le Regnart denote en conieſture
Venitiens qui de propre nature
Sont Traiſtres/Faulx/Caulx/& Malicieux.
Quant eſt du Coq hardy/franc & ioyeulx
Nomme Gallus nous deſcrit les Gauloys,
Leſquelz de bref doiuent rombré leurs Loix,
Creuer les yeulx,mettre nudz comme Adam.
Et ſaulcun dit telz Augures ne croys,
Ie leur reſpondz quilz aduint autre foys
Signes plus grans deſſus Ieruſalem.

Au moys Dauril le Roy part de Grenoble,
Portant en face vne faincte liesse.
Anne Royne des Dames la plus noble,
Ne peult parler pour sa dure detresse,
Sembloit Dido quant Eneas delaisse
Ou Isiphile habandonnant Iazon.
Mais ceste dame a plus grant raison
Dauoir douleur plus aspre & furibunde
Voyant celluy qui na comparaison
Dhonneurs & biens saillir de sa maison
Pour guerroyer les plus fiers de ce Monde.

Rondeau.

AV despartir ceste tresnoble Dame
Doulante en cueur/nauree iusqua lame,
Cuydoit cacher ses angoisseux regretz,
Mais ses doulx yeulx ne furent tant secretz,
Quen larmoyant de douleur ne se pasme.

Car vraye amour qui le sien cueur enflame,
Plaignoit celluy quau monde plus elle ame,
Dont elle fist mille souspirs aigretz,

Au Despartir.

Onc Hecuba Andromache ou Priame
Dennuy & peur ne gousterent tel dragme,
Voyant Hector saillir contre les Grecz.
Car ceste Dame a soubz lamentz discretz
Trop plus souffert quõques ne souffrit femme.

LE VOIAGE
Au defpartir.

Lors euffiez veu Dames & Damoifelles
Auec leur Dame ē douleur/pleurs/& plaīs,
Car quant le chef porte peines cruelles,
Impoffible eft que les membres foient fains.
Lune regrete Oncles/Nepueux/Germains/
Et lautre plaint fon Mary & fon Frere
Nobles alors portent douleur amere
Voyans fouffrir aux Dames tel martire.
Le Roy fen part chafcun fe delibere
De dire a Dieu/adoncques viffiez faire
Maintz doulx baifer fans fauoir vng mot dire,

Ainfi fen part le puiffant Roy de France
Acompaigne de Ducz/Marquis/& Princes
Deliberez de bouter a oultrance
Venitiens/ffl na la iouyffance
De fes Pais/Seigneurie/& Prouinces,
Et tous Princes par eulx poures & minces
Reftituez. Mais encor dauantage
De Fournoue remembrant le paffaige,
Dont en fon cueur faignoit encor la playe,
Les armes prent/& dun hardy courage
Paffe les Monts pour venger ceft oultrage,
Cent ans dacreu a vne heure fe paye.

O voꝰ Bourgeoys/Marchās/& Laboureurs
Qui refidez en Paix en voz maifons
Dardant defir leuez a Dieu voz cueurs
Et pour le Roy comme bons feruiteurs
Faictes priere & fainctes Oraifons,

Saichez de vray que pour iustes raisons,
Contre Venise a charge le harnoys,
Se sont les Loups qui contre toutes loix
De toute beste amassent chair & layne.
Marchez de cueur donques loyaulx Francoys,
Car qui ne quiert le Loup iusques au boys,
Il vient menger les moutons en la plaine.

Vous Anne aussi Royne treschrestienne
Est il besoing a prier vous induire,
Certes nenny. Car vostre esprit contemne
Oies plaisir/mais iamais ne se tenne
De prier Dieu pour cil qui tant desire,
Las il sen va pretendant faire luyre
Le vostre nom & le sien tellement
Que dit sera perpetuellement
Loys Douziesme & Dixiesme des Preux.
Lors toutes Gens diront publicquement,
Que eureuse fut dhonneur & daisement,
La chere espouse a vng Roy tant heureux.

Ainsi sen part le puissant Roy de France
Acompaigne de lhonneur & vaillance
Du Sang Royal/auec vne puissance
Inestimable.
Mais vne chose a fait digne & louable,
Plus quoncques Roy/car il est veritable,
Quil a mis sus en guerre guerroyable
Telle exercite.
Sans que son peuple en qui samour habite
Charge en fust dun denier/ maille ou picte,
Mais qui plus est/le soulaige & acquite,
Qui fut vng bien.

Si grant que nul ne peult dire combien,
Car ce faisant le peuple congneut bien
Zelle & amour en cueur treschretien
Leur Prince & Roy.
Et quainsi soit / grant part de son arroy
Gens de cheual / gens de pye / & charroy
Estoient partis / sans que son peuple au vray
Sceust le depart,
Mais tost apres sachant que Lestandart
De leur bon Roy tyroit deuers la part
Des Italles / adonq leur cueur se part
En pleurs & plains.
Las non sans cause estoient de tremeur plains
Faisans regretz / gros souspirs & complains
Voyant leur chef se gecter dans les plains
Dame Fortune
Qui tousiours est plus muable que Lune,
Fauorisable & tantost Importune
La ou pouuoit euiter sa Rancune
Sort & Malheur.
Mais cest celluy tant remply de valeur,
Que sans pencer ne craindre ou ira leur
Passe les Môts pour estre debelleur
De ses aduers.
Lesquelz auoient ia tous les champs couuers
De gens de guerre & gros Canons diuers
Pour desmolir Rampars & Bouleuers
Par durs assaulx.
Et ia marchoient Venitiens Vassaulx
Iusqua Cassan faisans voustes & saulx,
Pillans pays / executans touz maulx
Quilz pouoient faire.

Charles Damboife aduerty de laffaire,
Qui pour le Roy tout aultre chef prefere
Part de Millan va fans que plus differe
Les recueillir.
Mais or layrons pour en propos faillir
Parler du Roy qui fans ordre faillir
Paffe les Monts pour Aduers affaillir.

Comme iay dit/Monfeigneur le grant
Maiftre
Du Camp du Roy Lieutenant general,
Confiderant quil eftoit temps de mettre
Les gens en oeuure/en Cheualier adextre
Se gette aux champs fift fonner acheual,
Ainfi fen part Lexcercite Royal,
Delibere de Treuy affaillir,
Cheuaulx en laer pourbondir & faillir,
Veiffiez adonc au fortir de Millan
Ainfi marchent fans leur ordre faillir,
Et pour loger ilz vindrent acueillir
Certaine ville appellee Caffan.

Or eft Caffan bafty deffus vng hault
Et au beau pye eft la riuiere Dade,
La font la Crotte Eftanfon & Imbault,
Et Fontrailles, lefquelz ont maint Ribault
Tous enraigez de courir a leftrade,
Venitiens viennent donner laubade
Pres de Caffan pardela la riuiere,
Francoys les voyent/ regardent leur maniere,
Aulcuns y vont voulans gloire acquerir,
Lun tire auant lautre retourne arriere,

LE VOIAGE

Lautre eſt choque/ceſt oeuure ſinguliere
De veoir en plaine auant coureurs courir.

Venitiens ſont a Treuy logez,
Qui de Caſſan eſt enuiron troys mille.
Alors Francoys en bataille rengez
Paſſerent Dade/ainſi ſont deſlogez,
Pour les aller aſſieger en leur Ville,
Mais a chemin virent marcher a fille
Venitiens hors de Treuy ſortiz
Mille Souldars de pye aſſortiz
Eſtoient ſur champs/tirans vers Bergamo,
Francoys adonc a la guerre ententifz
Donnent deſſus comme chaulx & haſtifz,
Au Moys Dauril iour de Quaſimodo.

Tout noble cueur lors ceſt eſuertue
Tant que Marguetz ſont repouſſez arriere,
En ce combat fut maint homme tue,
De Rodes eſt le Viſconte rue,
Homme & cheual aupres dune barriere,
Venitiens tenans encor frontiere,
Saillent deſſus/le liurent a mort.
Adonc laſſault redoubla ſi treſfor
Que pour fuyr ennemys ſont deſmarche,
Francoys apres ſuyuans de tel effort
Quauecques eulx entroient dedans le fort,
Lors que villains laiſſerent tumber Larche.

Comme iay di{ct} de Rodez le Viſconte
Gentil homme de loſtel de la Royne
Fut la tue/mais ainſi quon raconte,

Des ennemys se trouuerent par compte,
Plus de quarante en trop piteuse exoine,
Adonc veissiez en la champaigne & plaine
Le Camp Francoys/Enseignes/& Guidons
Donnant lassault/sonnant trompes & bedons,
Lors commenca le chappliz & bataille,
Car les Francoys de picques & bastons
Dõnoïet telz coups que ces vilains Poultrõs,
Habandonnoient chascun coup leur muraille.

Ceulx dedans lors bagues saulues crient,
Francoys sont sours/a leurs propos nẽtendẽt,
Auenturiers regardent & espient
Lieu pour entrer, Car ainsi comme ilz dient,
A ce coup cy destre riches satendent,
Conclusion ceulx de Treuy se rendent
A la mercy de Monsieur le grant Maistre,
Auec luy vont Cappitaines se mectre
Dessus le pont/ pour deffendre la voye,
Sur gens de pye frappoient a plaine dextre,
Si dentrer eulx se veullent entremectre,
De vol doyseaulx Faulconniers ont la proye.

EN celluy tẽps le Roy marchoit tousiours
Par Rocz, & Monts sans seiourner vne
heure,
Ordre mectant a son cas touz les iours,
Dont son esprit trauailloit sans seiours,
Cõme vng quadrant qui nuyt & iour labeure,
Tousiours craignant que trop lõgue demeure
Cause ne fust de quelque perte ou gref,
Qui bien preuoyt obuye a maint meschef.

LE VOIAGE

Or a paſſe le pais de Piemont
Et eſt entre en la terre Lombarde,
Peuples ſans nombre/& daual & damont
Au deuant vont & tout honneur luy font
Prians a Dieu qui le tienne en ſa garde,
Ainſi chaſcun le beniſt & regarde,
Soy reputans treſgrandement eureux
Veoir en leur temps Roy tant cheualereux.

Lan Mil Cinq Cens & Neuf du moys de
May,
Le premier iour a Millan arriua,
Nobles manans en triumphant arroy
Vont au deuant/long temps ya que le Roy,
Si grant Nobleſſe enſemble ne trouua,
Chaſcun adont ſon cheual eſprouua
Deuant le Roy Millannoys font pennades
Faiſans en laer mille ſaulx & ruades.

Lors quau Chaſteau le Roy fiſt ſon entree,
France on cria de cueur & de couraige,
Lartillerie adonques ceſt monſtre e,
Mais vne piece eſt rompue & oultree,
Dont il aduint trop merueilleux donmaige
Car elle occiſt vng gentil homme & paige
Par les eſclatz dont furent aſſignez,
Pour ce lon dit en vng commun langaige
En toute feſte en a de mal diſnez.

En celluy tēps/Princes/Ducz/& Marquis,
Pour ſacouſtrer vont a Lorfauerie,
Les conducteurs & genſdarmes exquis

Cherchent harnoys/& tout ce queſt requis
Pour exercer fait de gendarmerie,
De Millan lors aulcune Seigneurie
Se miſt en point/armez côme Sainct George,
Drap dor branſloit/ceſtoit vne fairie,
Tous neufz eſtoient frais/iſſans de la forge.

Rondeau.

AV cueur giſt tout & non pas aux habitz,
Si pour drap dor ou trancher du gros bis
Les ennemys mors par terre on ruoit,
Trop bien cela porter on en deuroit,
Mais tout le bien qui en vient ſont debitz.

Qui de la peau de Lyon Roux ou bis
Vouldroit armer la ſimplette Brebis
la plus hardie ou fiere nen ſeroit.

Au Cueur giſt tout.

Mais ie croy bien quaux beſtes des herbis
Non entendans telz forains alibis,
Tremeur & crainſte aulcunement donroit,
Mais quoy lhonneur a la peau demouroit,
Faiſtes dont tant que vouldrez des Rabis.

Au Cueur giſt tout.

AInſi chaſcun penſe de ſacouſtrer,
Sans epargner drap dor norfa=
uerie,

G ſ

LE VOIAGE

Desirans lheure ou pourront rencontrer
Leurs ennemys/affin de se monstrer
Et enrichir leurs noms & armerie,
En celluy temps auoit la Seigneurie
Pres Ponteny grosse armee sur champs
Cinquante Mil & plus sur la praerie,
Estoient en ordre et bataille marchans.

Barthelemy surnomme Daluiane,
Estoit leur Chef/homme tresuertneux,
Et lautre estoit le Conte Petillane,
Vaillant de loing/hardi comme vne cane,
Mais en paincture horrible & valeureux,
Veoir on le peult aux Gestes sumptueux,
Quen sa maison il a depainctz & faictz,
Ressemble aux Grecz/de gloire ambitieux,
Dont les escriptz vallent mieulx que les faictz,

Or est la Lost de Venise sur champs,
Mectant au vent Pannonceaulx & Guidons,
Menēt grāt bruyt/Marcou crient en leur chās,
Tel nombre sont/que de bons & meschans
Ilz en ont faict quatre ou cinq gros Scadrons
Force Canons/Couleurines/Faulcons,
Viures assez/leur Ordre bien gardee,
Venise na gecte tant de Poultrons
Dessus les champs/depuis quelle est fondee,

Au parauant le Roy auoit transmis
Dedans Treuy la Bastye & Ymbault
Auec Frontraille & Estenson commis
Pour la garder/si que les ennemys

Ne vinssent la pour la/prendre dassault.
Et neautmoins que la place peu vault
Pour bien tenir/si disoient ilz toussours,
Que tout le Monde ensemble dun plain sault
Ne les sauroit faire rendre en huit iours.

Mais Noble cueur est de telle Nature,
Que comme il pense/il sactend de le faire,
Et le couart contemple & puis mesure
Tous les dangiers & la malle aduenture,
Parquoy iamais nexploicte vng bon affaire,
Ie ne dy pas quon ne se doyue traire
Dun mauluais pas & craindre a y entrer,
Mais Fortune est aydable & voluntaire
A cueur qui veult sa vertu demonstrer.

Lost de Venise en grant fierte desmarche,
Delibere selon son entreprinse,
Conquerre en bref du Monde le Monarche.
Adonques fist simple double & desmarche
Pour a Treuy venir faire reprinse
Estradiotz qui desiroient la prinse
Iusquaux murs viennent auant courir,
Francoys qui ont telle science aprinse
Conclurent lors/ains que rendre mourir.

Aux armes vont/saillent de toutes pars
Voyans les champs de gensdarmes couuers,
Tant de Guydons/Banieres/Estandars,
Tant de long boys/Halbardes & Dars,
Que bien sembloit tout le Monde vniuers,
Quatre Scadrons parquez en lieux diuers,

LE VOIAGE

Lartillerie en trop fiere ordonnance,
Bref sans mentir ilz se monstroient expers
Au faict de guerre a veoyr leur contenance.

Ce neautmoins Francoys ne sestonnerent,
Ains a laproche ont fait grosse tempeste,
Si peu que auoient de faulcons deschargerent,
Lors ennemys de si pres approcherent,
Que bien souuent combatoient teste a teste,
La lun sur laultre a redoubler sapreste,
De hurtz mortelz en cruante bataille,
Dont pour ce coup Frácoys eurent cóqueste,
Car a Lassault plusieurs misrent a taille.

Commence ont tirer & canonner
Ce iour qui fut le Septiesme de May,
Leurs Basilicz & Canons font sonner
Si haultement quon neust ouy tonner.
Qui non sans cause aux Francoys sist esmay,
De ce bruyant & merueilleux Beffroy,
Murs & Rampars de Treuy vont par terre.
Lors de Millan le Treschrestien Roy
Ouyt ce bruyt & fouldroyant tonnerre.

Or peult chascun congnoistre clerement,
Si son esprit souffroit peine & douleur
Oyant tirer si treshorriblement
Toute la nuyct/quil sembloit proprement
Fouldre du ciel en extreme chaleur.
Puis congnoissoit veu lardante fureur
Des durs assaulx/que longuement tenir
Ilz ne pouoient donc auoit crainte & peur,

Qui ne leur peuſt au beſoing ſubuenir.

Et par ainſi trop groſſe deſplaiſance
Auoit pour lors que ſon camp neſtoit preſt,
Car ncuſt eſte que part deſa puiſſance
Eſtoit a Laude/a Palme/& a Plaiſance
Toute la nuyⅆ euſt marche ſans arreſt,
Ce neautmoins fiſt faire ſon apreſt
Pour deſloger/car comme bien aprins
Au faiⅆ de guerre/entendoyt lintereſt
Quauoir pourroit ſi Treuy eſtoit prins.

Il preueoyt que Millannoys Lombars
En deſcroiſtroïⅇt de cueur & de couraige,
Et que Marquetz/Venitiens Soaldars
Deuiendroient fiers comme Loups/Lyepars,
Quant quelque proye ont rauy dauantaige,
Pour obuier doncques a ce dommaige,
Et que ſes gens ſurprins ne ſoient au piege,
Toute la nuyⅆ il mande ſon bernage,
Pour a Treuy aller leuer le Siege.

Mais ainſi eſt que impoſſible il eſtoit
Auoir ſes gens/parquoy au point du iour,
Sans regarder au peu de gens que auoit
Voulut partir/comme celluy qui ſauoit
Quil neſtoit temps pour lors faire ſeiour,
Venitiens eſtans tous a lentour
Dudiⅆ Treuy/font ſi mortelle guerre,
Quil ny eut Fort/Rampart/Muraille/ou
Tour,
Qui le matin ne fuſt piez rez terre.

G iij

LE VOIAGE

Ce mefmeiour le Roy de Millan part,
Arme a blanc a defployee Enfeigne,
Tout anime/faict vng fouldain defpart.
Sembloit Hercule ayant cueur de Lyepart,
Cerchant Cacus au creux de la Montaigne.
Ic ne croy pas fi Anne de Bretaigne
Prefente fuft a cefte dure allee
Quelle ne print/fuft a perte ou a gaigne/
Armes cheuaulx comme Panthafilee.

Tant fut pompeux en fes armes le Roy
Quon luy donnoit immortelles louanges,
Princes & Ducz marchent en noble arroy,
Drap Dor/Velours/pour en defcripre au vray
Fut tout commun en paremens eftranges,
Millannoyfes Dyaprees comme Archanges,
En defirant du Roy le bruyt & gloire
Prioient Iefus & tous fes Benoifts Anges,
Quil luy donnaft triumphante victoire.

Ce temps pendant Venitiens affaillent
Loyaulx Francoys/dedans Treuy enclos,
Lefquelz fi bien & vaillamment bataillent,
Quil neft riés mieulx/mais les forces leur faillét
Car nuyct ne iour nont heure de repos,
La Picque au poing/les Harnoys fur le dos,
Gardent Renfors & debilles Rampars,
Ainfi craignans perdre dhonneur le los,
Nont abeffe Banniere ou Eftandars.

Venitiens congnoiffans que paffaige
I eut affez redoublent leur Alarme,

Douyr Canons fembloit fouldre & orage,
Marquetz adonc efperant le pillaige
Donnent dedans/conbatent fort & ferme.
Adonc veiffiez maint Pieton & Gendarme,
Mors ruez ius/tumber par les Fouffez,
Francoys tant bien frappent a ce vacarme,
Que ennemys font a la fin repouffez.

Lors Daluian voyant le Vaffelaige
De ces Francoys,qui tant bien combatoient,
Côgneut q̃ entrer ny peult fãs gros dõmaige,
Leur va mandant en petit de langaige
Si fen aller(bagues faulues)vouloient
De vuyder toft/ou fi plus differoient,
Le Feu & Sang de tous poins leur denunce.
Francoys adonc qui telz motz efcoutoient
Sont eftonnez de leur rendre refponce.

Triftes/perplex/lun lautre fe regardent,
Ainfi que gens qui nont cueur a deliure,
De rage & dueil les cueurs bruflent & ardent,
Crainéte & honneur de parler les retardent,
Myeulx aymans mort qua nulle honte viure,
Conclufion pour la matiere fuyure,
Lung & pour tous fift tel appoinétement,
Que entierement la Ville il rend & liure
Pourueu que tous fen iront franchement.

Promis ilz ont faifant entreulx leur conte,
Comme ie croy que promeffes font vaines,
Ou que peche toute vertu furmonte,
Car eulx dedans/de prendre neurent honte.
                              G iiij

LE VOIAGE

Gens de cheual & tous les Capitaines,
Auenturiers en cueilleurs de chastaignes
Furent transmis vng baston blanc au poing.
Si leurs rancons eussent este certaines
Iamais allez ne sen fussent si loing.

En cest instant Ville & faulx Bourgs pilleret,
Mectant a mort plusieurs hommes & femmes,
Religions & Temples desroberent
Femmes a force & Filles viollerent
Ieunes Garsons suyuoient pour cas infames,
Dire ne veulx les horribles diffames
Que ces Poultrons firent dedans Treuy,
Fors quaux Nonnains Religieuses Dames
Fut prins le bien/& leur honneur rauy.

Comment le Roy part de Millan/
& va chercher Lost des
Venitiens.

AV plus matin apres ouyr la messe,
Comme iay dict se partit la Noblesse
Du Roy Loys qui de picquer ne cesse
Iufqua Cassan.
Le bruyt ouoit au sortir de Millan
De gros Canons/tel douleur neust de lan,
Voyant les siens souffrir peine & ahan
Certes ie croy.
Que autant souffroit le Treschretien Roy,
Que ses bons Chefz qui estoient au desroy,
Des durs assaulx & merueilleux beffroy
Dartillerie.

Arriue la regarde en la Praerie
Voit ses Souldars faisans chere marrye,
Nudz sans battons/naucune armeurerie
Qui sen venoient
Rendre vers luy, Poures Brebis sembloient.
La raison est, car perdu ilz auoient
Leurs bons Pasteurs que Marquetz detenoiét
Par deuers eulx.
Ce neantmoins comme Roy vertueux
Nen sist semblant, ains se monstrant ioyeulx
Demande/ enquiert du gros Camp belliqueux
Venitien,
Quel nombre ilz sont/leur facon & maintien,
Et en parlant par gestes monstroit bien
Que ces aduers il ne doubtoit de rien,
Ne leur danger
Et quil soit vray/ains que boyre & manger
Ses chefz de guerre a mande sans targer,
Car ia des lheure il vouloit campeger
Oultre le pont.
Auecques luy Capitaines sen vont
Tenir conseil/auquel conclud ilz ont
Quau plus matin en armes passeront.

Ces iours passez deux Pontz en diligence
Lon auoit fait sur la Riuiere Dade
Au bout de lung boulleuart de deffense
Aux ennemys qui venoient a Lestrade,
Venitiens a Treuy font posade
Comme Corbeaulx dormans sur la charoigne,
Leurs chefz de guerre expers a la besoigne
Cryent apres eulx, Le Roy marche a grâs pas,

LE VOIAGE

Les fours ilz font/car lung robbe & empoigne,
Lautre Paillarde ou fait acte diurongne
Beftes touffours font prinfes aux appaftz.

Vers la minuyt fut en armes le Roy
Deffus le pont faifant paffer fes gens
Et tout premier fift marcher fon charroy,
Dartillerie en ordre & fier arroy
Par gensde Guerre au cas tres diligens,
Gens de Cheual ne furent negligens
De toft paffer pour gaigner laduantage.
Auenturiers marchoient de grant courage,
Tabours fonnans ceftoit vne plaifance.
Venitiens entendoient au pillage.
Lors quilz deuoient entendre a ce paffage,
Car de la vint leur totalle mefchance.

Daluiane treffauant en la guerre
Delibere auoit ainfi le faire,
Mais quant voulut marcher & prendre terre
Tous fes Souldars eftoient a la defferre
Dudit Treuy, & ne les en peult traire,
Parquoy voulant mettre ordre a fon affaire
Fift le Feu mettre en laville & Faulx bourgs
Dont contrainctz font laiffer maifons & tours
Pour fen venir en bataille renger,
Mais ce pendant le Roy marchoit touffours
Oultre le pont/& fans faire felours
Vint a deux Mil de leur Oft campeger.

Le pont eftoit conftruict deffus bafteaulx
Si ferme & fort que par deffus pafferent,

Canons/Faulcons/Couleurines/Courtaulx,
Gens de Cheual, Bagaiges & Cheuaulx,
Tant nuyt que iour de passer ne cesserent.
Vng autre pont aupres edifierent
Et fut crie qua lung on passeroit
Et que par lautre on sen retourneroit.
Ainsi le Roy par sa bonne doctrine
Au fait du Camp tellement aduisoit
Quocques son Ost neust heure de famine.

Tout a Cheual disna dessus le pont,
Voyant passer ses gens en ordonnance,
Hommes darmes voit venir de plain front
Fier cheuauchans du grant plaisir quilz ont
De veoir leur Prince en tel magnificence,
Lequel dung mot a la foys fait aduance
Leur resueillant le cueur & les espris,
Lors font grans saulx de toute ioye espris,
Armez, Bardez/montez a lauantage
Ie ne croy point nen desplaise aux escrips
Quil ait este armee de tel pris
Depuis le temps Hannibal de Cartaige.

Cinq ou six Mil Suisses lors passerent
Deuant le Roy marchans fiers soubz la picque
Lequel du cueur humblement saluerent,
Et grandement eureux se reputerent
De batailler soubz Roy tant magnificque.
Auenturiers en triumphe autenticque
Tabours sonnans/leurs enseignes au yent
Viennent apres marcherent en auant
Font reuerence au Roy leur vray Seigneur,

Voyre,& Dieu fcet quant paffoient par deuât,
Silz fe marcheoiêt fiers côme vng pourfuynât,
Plus renuerfez quun poulce de Changeur.

Ainfi le Roy qui par tout bien regarde
A vng Mil pres logea fon Auant garde,
Des Ennemys tant que veoir fe pouoient,
Guetz renforcez ordonna pour la garde
De fon Charroy, Larriere garde
Et la Bataille a leurs logis penfoient
De Pauillons/& Tentes tant dreffoient
Que la Campaigne en fut toute enrichie,
Si trefgrant nombre eut de Cheualerie
Que tout le Camp des armes reflamboye,
Les Roys Gregeoys quelquechofe quon die
Neurent tel Oft deuant les murs de Troye.

OR fault noter du Roy la grant prudence
La hardieffe & prompte diligence
En meditant que haulte prouidence
Bien luy aydoit,
Car neantmoins qua vng Mil il eftoit
Des ennemys & fes gens attendoit
Sans regarder au peu de gens que auoit
Paffe le pont,
Et luy Douziefme a cherche de plain front,
Les ennemys/tant daual que damont
Tranfmis efpies pour congnoiftre que font
Les ennemyz.
Par tout pouruoit fans que riens foit obmis,
Et tellement que fes chefz & commis
Sont efbays du danger ou feft mis,

Car les Souldars
Venitiens tiroient de toutes pars
Force boulletz,iufquaulx Tentes & Pars
De loft Francoys/dont aucuns font efpars,
Et autres mors.
Et neantmoins fans auoir le remors
Des durs affaulx qui tant de gens ont mors
Va ca & la com cil qui eft amors
Telz actes faire.
O vous Francoys contemplez ceft affaire,
Las il eft Roy/touteffois ne differe
Exercer loeuure/auquel peult fatiffaire
Simple Souldart,
Mais monftrer veult que ceft voftre eftandart
Qui de vertus a en luy/& tant de art
Que iamais Aygle/Ours/Lyon/ne Lyepart
Ne luy peult nuyre.
Ainfi vous fait par fes geftes reluyre,
Tant qua prefent oyanr le nom deduyre
Des Gallicans chafcun commence a fuyre
De tous coftez.
Voyla comment eftes crains & doubtez,
Par tous climatz/car les fiers a boutez
Soubz fa mercy/& fi au vif domptez
Quil neft viuant
Qui pour cefte heure ofe fe mettre auant,
Fors ce Lyon qui luy court au deuant.
Mais le temps vient quon ira le fuyuant
Et de fi pres
Quon trouuera tous fes membres apres,
Par Vignes/Boys/Foffez/Riues,& Prez,
Tant que chafcun dira par motz expers

Pour le memore.
Icy print fin de Venife la glore.
Huit ans apres que le Roy print le More
Et deux apres de Genes la victoire,
Voyla les dys
Que lon dira du bon Roy que ie dys,
Qui a vaincu en fes ans benedictz
Les Rauiffans/les fiers & les mauldttz
En peu de temps.
Mais pour venir a la fin ou ie tens
Mueray propos, Car fur tout ie pretens
Defcrire au vray comme fcay & entens
Cefte victoire.
Dont retournant a mon point peremptoire
Le Roy paffa en petit de adiutoire
Oultre le pont qui luy fut vne gloire
Et bien vtile.
Le lendemain pafferent a la fille,
Mille & Cinq Cens Normans bonne famile,
Dauenturiers encor plus de troys Mille
Qui fift beau veoir.
Le iour apres lon peult aperceuoir,
De Mantoue le Marquis qui mouuoir
Faifoit fes gens en faifant gros deuoir
De tenir termes,
Du Roy auoit Cent vaillans Hommes darmes
Qui fur le pont flamboyent en leurs armes
Montez/Bardez pour faire gros vacarmes
En vng deftour.
Celluy Marquis vire vouftoit autour
Sur vng Deftrier ferme comme vne tour,
Lors faluer vint le Roy a fon tour

Treshumblement,
Qui le receut tant amyablement
Que possible est pendant ioyeusement
Trompes clairons sonnent incessamment,
Et lors passerent.
Les gens de pied qui bonne ordre garderent,
Deux Mil estoient/Plombees deschargerent,
Tabours sonnent/enseignes balloierent
Cestoit plaisir,
Et ne croys pas que Lhomme peust saisir
Ennuy/ne dueil quant peult veoir & choisir
Tel passe temps qui est le vray desir
Dung noble cueur
Qui ne pretend fors monter a valleur
Repudiant de Guerre le malheur,
Mais seullement ne tend fors a lhonneur
Quauoir y peult.
Amour de Prince & noblesse lesmeut
Defaire plus que Tristan pour yseult,
Et le loyer quil en attend & veult
Est grace & bruit,
Mais lasche cueur nen emporte nul fruict,
Ains est dhonneur & de Vertu destruict,
Crainacte le tient & honte le poursuyt
Par sa meschance.
Ainsi les bons prenoient toute plaisance
Voyans passer tel Ost en ordonnance
Deust le Roy/ qui sans craincte ou doubtance
Partout alloit.
Lequel ainsi comme se transportoit
Parmy son camp/ou toute ordre mettoit
Vint yng Boulet qui si fort tempestoit

Quil abbatit
Vng Arbre gros/dont vng esclat sortit
Contre sa barde, & de fait lataignit.
Ce neantmoins de rien ne sesbahit
Ains tire auant
De bende en bende/il va les Rens suyuant,
De tout prend garde, & derriere & deuant
Ainsi que vng Prince a la Guerre sauant.

DEuers le soir auant coureurs allerent
Pour estrader & aux champs se ietterent
Et de Pietons quelque autre nombre apres
Faisans bon Guet Venitiens trouuerent.
Et lors Dieu scet comme bien sesprouuerent,
En renuersant lung lautre par ses Prez,
Les vngs sen fuyent/autres suyuent de pres.
Et notez bien quil nest lieu plus propice
Pour bien mener des armes lexercice
Qui en bataille eust voulu se renger.
Le Roy tous coups se presente a la Lice,
Venitiens nen voulurent manger.

Oreft ainsi que le Camp de Venise,
Estoit encloz de fossez par tel guise
Que lassaillir estoit trop difficile,
Par les venes Lartillerie assise
Plusieurs espies en faisant deulx deuise
Dirent questoient plus seur quen vne ville
Et quen tel fort vng cent en valoit mille,
Parquoy le Roy qui bien consideroit
La verite/conclud quon les larroit,
Deux ou trois iours encor tenir frontiere,

Et ce pendant que lon aduiſeroit
De les auoir par quelque autre maniere.

Pour bien deſcripre ainſi que puis ſauoir
Ce que le Roy peult dexercite auoir
Deux Mil/deux Cens gorgias hommes darmes
Montez/bardez,preſtz a faire deuoir,
Sans quatre Cẽs Archiers quil feiſt beau veoir
Treſbien montez,Hommes puiſſans & fermes,
De gens de pied preſtz a faire vacarmes
Par compte faiⷜ Vingt Mille combatans,
Et ne croy pas que depuis Cinq Cens ans
Enſemble on viſt tant de haulx gens de bien,
Venitiens ſont encor plus puiſſans
De nombre faiⷜ/du cueur ie nen dys rien.

Or vous ay dit ſelon mon poure ſens
Le Camp du Roy, parquoy ie me conſens
Deſcrire au vray Loſt de la Seigneurie.
Et tout premier y euſt Mil & huyt Cens
Hommes darmes/ſi braues en tous ſens
Quilz eſtimoient fleur de Cheualerie.
Dautres Cheuaulx faitz a gendarmerie,
Comme Albanoys,autres auant coureurs.
Neuf Mil cinq Cens hardys entrepreneurs.
Auoient en ordre & Bataille marchans
De gens de Pied/ſans leurs bons conduⷜeurs,
Vingt & ſept Mil/miſrent deſſus les champs.

Et au ſurplus bon Chefz & Capitaines
En Regions prochaines & loingtaines,
Tant eſprouuez en armes & conduiⷜe

H i

LE VOIAGE

Que les Marqtz pour leurs oeuures haultaines
Les reputoient Cefars ou Charlemaignes,
Chois de valeur/des Itales leflite,
Parquoy foubz eulx mifrent leur exercite,
Pouldre/Bouletz,& groffe Artillerie,
Viures affez,Enfeignes,Armarie,
Le tout comprins,notez que puis Pompee,
Oncques Venife a tout fa feigneurie
Ne mift armee en champs mieulx equippee.

La fut Marcou defpaint en leurs banieres,
Lyon rampant,iettant fes griffes fieres
Lune en vng Liure,& deux autres fur terre,
Lautre eft en Mer monftrant par fes manieres
Que Eglife,& Mer,la terre & leurs frontieres,
Il rauira,foit par cautelle ou guerre,
Mais Loys Roy/ deuers eulx prent fon erre,
A vng Mil pres fon enfeigne defploye
Ou fainct Michel,le Dyable foubz luy ploye,
En denotant que le bon Roy fera
Au fier Lyon fi trefmortelle playe
Que de Mille ans ne fe releuera.

Deffus la plaine eftant entre deux oftz
Vous euffiez veu courir eftradiotz
Faire les tours quil appartient en guerre
Chocquer lung lautre/& getter fur le dos.
Lung y eft prins,lautre eft froiffe des os
Et lautre y pert/Vie/corps & defferre
Donner dedans puis foubdain prendre terre,
Faindre/fuyr pour lennemy attraire
Les vertueux telz actes fauent faire.

Et les faintifz foubz couleur valeureufe
Se vont vantant, ou mieulx vaulſiſt le taire,
Ypocrifie en guerre eſt dangereufe.

Lors fut crie par loſt en mainte part
De par le Roy fur peine de la hart
Que nul pour lors ne allaſt auant courir
Mais quant Francoys aduifoient a leſcart
Leur ennemy le Dyable y auoit part
Nya remedde il y failloit courir.
Vng hardy cueur aymeroit mieulx mourir,
Quant ennemys il voit en la Campaigne
Quil ny allaſt/foit a perte ou a gaigne,
Mais touteſſois puis quil eſt deffendu
Chaſcun fe doit tirer foubz fon enfeigne
Car par tel cas, feſt maint gros oſt perdu.

Ce iour le Roy vng Herault va tranfmettre
Au camp Sainct Marc leur requerãt permettre
Iour de Bataille & place guerroyable,
Mais eulx voyans eſtre fors en leur eſtre,
La couche auſſi que côtre eulx on veult mettre
Craignans hazart ilz vont dire a la table,
Le Roy fachant quil neſtoit conuenable
Les prendre en fort/conclud de les cercher.
Dautre coſte pour les viures trancher,
Ce qui tut fait, mais pendant des deux pars
Canons/Faulcons euſſiez ouy laſcher,
Gens meurdriſſans dedans tentes & pars.

EN celluy temps dedans Lyon eſtoit
La Royne/las qui touſiours lamentoit

Pour les regretz que fon las cueur portoit
Inceſſamment.
Car par Eſcriptz ſauoit certainement,
Comment le Roy paſſa treſhardiment
La riue Dade,& comme franchement
A ſon Camp mis
A deux Mille pres de ſes ennemys,
Parquoy ſon cueur eſt en crainéte remis
Doubtant le iour auquel ſera ſubmis
A la fortune.
Puis elle ſcet ſelon la voix commune
Lheure approcher ou des deux parties ſune,
En Camp mortel aura la deffortune
Ou le bon heur.
Las non ſans cauſe euſt ceſte Dame peur
Veu quen tel ſort le plus fort neſt aſſeur,
A Dieu giſt tout,car force ne faueur
Vers luy ne peult.
Seulle Oraiſon eſt le don quil recueult
Pour donner lheur ou il luy plaiſt & veult
Et la bonte du demandant leſmeut
Faire tel grace.
Parquoy ne fut heure/iour/ny eſpace
Que vers le ciel ne leuaſt cueur & face,
Priant Ieſus que ce hault bien luy face
Donner viétoire.
A ſon eſpoux des Francoys lheur & gloire,
Apres ſen va en temple & oratoire,
Dire oraiſons fait maint riche offertoire
En pluſieurs lieux.
Penelope en depriant les Dieux
Pour Vlixes ne diſtilla des yeulx,

De larmes/tant en foufpirs ennuyeulx
Comme elle a fait,
Se elle congnoift Femme ou Homme parfait,
En fainctete. tant en dit comme en faict
Le va prier de fe mettre en effect
Dieu requerir
Que fon efpoux luy plaife fecourir
Tant que fa terre il puiffe conquerir
Et quen victoire on le voye fleurir
Sur tous eftranges.
Dautre cofte Damoifelles en langes
Vont auec elle (a piedz nudz) par les fanges
Acomplir veux/prier Dieu & fes Anges
Pour le bon Roy.
Pluffort a fait mettre en ordre & arroy.
Proceffions/fonner Cloches Beffroy,
Par toute France & porter fans defroy
Sainctes reliques.
La fe trouuoient Nobles & Mecanicques,
Femmes/enfans & tous bons Catholicques
Prians Iefus en leurs dys & Cantiques
Que brief en France
Le Roy retourne en force & en vaillance,
Victorieux & en conualefcence,
Comme iadis Cefar & fa puiffance
A Rome entrerent,
Voyla comment toutes gens deprierent.
Auec la Royne/a laquelle donnerent
Ioye & folas/& moult la conforterent,
Mais or lairrons
A parler delle, & au Roy retournerons
Qui fe confeille a fes loyaulx Barons.

Côme il pourra mettre aux châps ces poulet,
Venitiens.
Or auoit il gens vaillans & sciens
Tresesprouuez aux actes Martiens,
Qui ont conclud, tant ieunes que anciens
Que lendemain
De May vnziesme on partiroit soubdain
Pour leur aller coupper chemin & train,
Ainsi quapres vous orrez plus a plain,

Vers Alexandrins,

VVg Samedy matin, de May vnziesme io
Enuiron les quatre heures / le Roy sans lôg
seiour
Faict sonner mettez selles / gésdarmes a cheual
Trompes, Tabours resonnét, tant damont que
daual,
Chascune compagnye arriue en la cam paigne
Soubdain courent aux armes, sen vont soubz
leur enseigne,
Tentes & Pauillons, Lors eussiez veu par terre
Vng chascu endroit soy, tout son bagaige serre,
Le long de la Riuiere, marchoit tout le sôma
Lauantgarde au dessus, pour doubte du pillage
Laquelle conduysoient, en moult belle ordon
nance
Le Seigneur de Chaumont, lors grant maistre
de France,
Et le Seignr Iehan Iacqs, Cheualier tresdiscret
Qui au faict de la guerre / entédoit maint secret
La bataille mena, le Roy par sa prudence

Comme cil qui fcauoit, par vraye experience,
Scauoir dire & mieulx faire, conduyre & Di-
fcerner
Comme il failloit batailles, regir & gouuerner,
Auecques luy marcherent, Princes de grant re
nom,
La plus part de fon Sang, Dont veulx dire le
nom,
Charles duc Dalencon, arme de toutes armes,
Cheuauchoit pres de luy, tenant affez bons ter
mes.
Charles Duc de Bourbon, y fut fi fumptueux
Que bien monftroit la gefte, Dhomme trefver=
tueux.
Le Seigneur de Fouez, a lauantgarde eftoit,
Qui comme plain de cueur, la bataille appetoit
De Lorraine le Duc, bien monte & arme,
Marchoit en la bataille, de tous bien eftime
Pres de luy eftoit Charles , de Vendofme le
Conte
Si pôpeux en Ruades, que chafcû en tint côpte
Le train de pres fuyuoit/le conte de Neuers
Qui maintz faulx & Ruades, fift de long & tra=
uers,
Puis Loys Dorleans, de Rothelin Marquis
Tenoit bien le maintien, Dhomme aux armes
exquis.
Le conte de Geneue, Philippes de Sauoye
Arme triumphâment, cheuauchoit par la voye
Marquis de Montferrat, trefpompeux y eftoit,
Le Marquis de Saluces, en armes le fuyuoit.
Loys de la Trimoille, y fut en grant arroy.

En tel ordre & triumphe marchêt auec le Roy

Apres en Lauantgarde fi marchoit a la file

Dont Frâcoys Dorleans, lors duc de Longue-
uille

Fut Chef & Conducteur/ Ainfi tout le Camp
marche,

Si Triumphant fe croy, que puis le Temps de
Larche

Du bon pere Noe/ne deuant Cinq cens ans

Lon na veu pour vng coup, tant de bons com-
batans.

Banieres on defploye/ Enfeignes & Guydons.

Et lors firent beau bruit/ Trompes/ Fiffres/ Be-
dons,

Cheuaulx menoiêt vng bruit, fi trefimpetueux

Quil fembloit que la terre, deuft fôdre deffoubz
eulx.

Ce iour beautemps il fit, Le clere Phebus luy-
foit,

Qui deffus les harnoys vng grant luftre faifoit,

Bouletz/ artillerie/ & toute autre charroy

Faifoit trembler la terre, plus que Fouldre ou
Beffroy,

Echo du bruit refonne, par Boys/ Prez, & Fo-
reftz,

Par Vaulx, & par Montaignes, Riuieres & ma
reftz.

Lors Iacques de Chabanes/ feigñr de la Palice

Tout deuât Lauâtgarde/ la Lance fur la cuiffe

Va cerchant ennemys, defirant les trouuer

En Bataille rengee, pour fa vertu prouuer.

LeRoy marche en bataille, & biê fe dône garde

De tout son excercite/mais grandement luy
tarde
Quaux champs il ne rencontre/ larmee sei=
gneurialle
Pour leur monstrer que cest/que puissance
Royalle.
Tous bons moyens il cherche/soit a perte
ou a gaigne
De mesler auec eulx/sa belliqueuse Enseigne.
La furet tous les Princes/Dorfauerie couuers
Et drap dor de coupe/de long & de trauers,
Ie nose raconter/La richesse innombrable,
Craignant quaulcuns ne tinssent/la verite a
fable,
Reste que puis Cent Ans/lon na veu excercite
Si riche bel & fort/ne de meilleur conduicte
En cest estat desmarchent / au son de mainte
Trompe/
Clerons/Fiffres/Tabours/qui fut vne grant
pompe,
Plus de troys Mil & pl⁹/sãs parler de Bagaige
Duroit toute Larmee/& triũphant Bernaige,
Si grant lustre donnoit/le Soleil sur les armes
Quil sembloit que la Terre/ne portast que Hõ
mes Darmes.
Or nest il cueur si triste/perplex ny esbahy
Qui de veoir tel Triũphe/ne feust tout essouy,
Le bruit & la tempeste/volla iusquaux oreilles
Du Camp Seigneurial/dont se donnent mer=
ueilles,
Car lors bien se penserent/ quon les alloit
chercher

Par vng aultre coste, pour leurs viures tres,
cher
Dont ce iectent aux champs, fortiffier sen vin,
drent
En lieu auantageux, ou pour ce iour se tindæt
Iusques a vng traict Darc, de Lost Venitien
Vint loger Lexercite, du Roy Treschretien,
Bataille il leur presente, ne si veullent renger
Car faulte dappetit, les garda den menger,
Et la deux grosses heures demoura en ba,
taille
En actendant toussours, que leur armee saille,
Car les aller chercher en leur Fort sans dom,
maige
Impossible il estoit, trop auoient dauantaige,
Considerez quel ioye, quel plaisir & lyesse
Le Roy auoit pour lors, de veoir telle no,
blesse,
Ses Gentilz hommes voyt, si tresdeliberez,
Et les Rustres de pyed, demy desesperez
Qnaux champs ne rencontroient, les Eenseï,
gnes Sainct Marc,
Ou quilz nalloient combatre iusques dedans
leur parc.

Consultation de Daluiane & Petillane.

OR scet bien Daluiane, que le Roy est sur
champs,
Son Ost & excercite, & bataille marchans
Bien estoit de laccord quon allast a lencontre,
Mais Conte Petillane, chantoit dune aultri

contre.

Lun vouloit hazarder,lautre qui auoit peur
Se veult tenir en fort,& iouer le ieu feur
Difant/aulcun viuant, ne peult auoir tenue
Encontre les Francoys,de premiere venue
Trop pl⁹ fort eft leur choc,porter ou fouftenir
Que boulet de Bombarde, arrefter ne tenir
Mais qui plus mefbayt,ilz ont Roy vertueux
De tous temps faict aux Armes, hardy Che-
ualereux
Onc ieune ne fut,que nouyffe defduyre
Ses Geftes & haulx faictz , que par tout faict
reluyre
En ieunefte hantoit,Harnoys,Lances & dars
Et fembloit proprement, quil fuft filz du Dieu
Mars.
Et depuis en Bataille,dōna bien a cōgnoiftre
Que Princes belliqueux, aux armes doybuent
eftre
En lieux vltramontains, eftranges Regions,
A conduit & mene,fes fieres legions.
Combatu & vaincu,fait fi mortelle guerre
Qué fin eft demeure,vray Seigueur de la Terre
Plus dure eft fa récōtre,q̃ de Hector ne Achiles
Et trop plus furieufe, que la Maffe Hercules
Puis donc que congnoiffons,fa fierte & nature
Tenons nous en noz Fors,euitons lauenture.
Car fi ainfi faifons,Ennuy/Pefte ou Famine
Auant deux moys meẽtront,tout fon Camp en
ruyne
Apres nous les pourrons,legierement deffaire
Voyla le myen confeil,touchant ceftuy affaire.

LE VOIAGE
Lautheur.

DAluiane respond/a Petillane Conte,
Tel oeuure nest honneur/ mais miserable
honte
Tromperie & Cautelle/ nemportent point de
gloire
Mais la Lance & Lespee/en obtenãt victoire,
Vous congnoissez assez/ que vous & moy ne
sommes
Princes Ducz ne Marquis/ mais simples Gen-
tilz hommes
Et toutesfois auons/excercite & arroy
Estime par Espies/plus grant que cil du Roy.
Vous dictes que vaillant,/il est & plain de cueur
Tant plus aurez de gloire/ si demourez vain-
queur.
Ainsi donc qui vouldroit/ raison au vray de-
batre
Elle sacorderoit/que les debuons combatre,
Vous voyez q̃ le Roy/son Sang & sa Noblesse
Present est sur les champs/ pensez quelle Ri-
chesse
Sil aduient que Fortune/soit pour nous bonne
& belle
Riches sommes de Biens/ & de Gloire immor-
telle.
Cesar ne Alexãdre/& tous les Preux ensemble
Nauroient point tant dhonneur/ comme nous
se me semble.
Si le Loyal Marchant / pour gaigner peu de
chose

Aux Fortunes de Mer/ſõ corps & biẽs expoſe,
Pay plus forte raiſon/debuons en ſeure terre
Expoſer vie & corps/pour los & biẽs acquerre,
Prenant au pis venir/ſil aduient que Fortune
Leur ſoit fauoriſable/ encor la voix commune
Dira trop hardiz furent/Petillan/Daluiane
Doſer aĉtendre aux chãps Larmee Gallicane,
Ainſi donq ne pouons/ſoit gaing ou perte
Quen la maiſon Dhonneur/ne trouuos porte
ouuerte,
Qui pert le corps & biens/mais que honneur
luy demeure,
Ie veulx dire & maintiens/quil eſt ne de bonne
heure
Faiſons doncques par oeuures / noſtre nom
embellir
Acquerant bruit & gloire / que mort ne peult
tollir,

Lautheur,

VOyla com Daluian/deſſroit la Bataille
Penſant en ſa muſique / faire le conte &
taille
Mais luy & tout le Cãp/ ſe trouuerent deceus
Quant oultre leur vouloir/le Roy fiſt le deſſus,
En ce debat y eut/maint bon conſeil donne,
Mais le tout debatu/fut dit & ordonne
Quen leur fort ſe tiendront/encore ce iour en-
cloz
Penſanr quon les iroit, aſſaillir en leur cloz,
Mais le Roy aduerty, de leur fortiffiement
I ouura daultre ſorte, car tout ſoudainement

A Riuolte tranſmiſt, deux Mil Aduenturiers,
Cinq ou ſix gros Canõs, les cinq cẽs Piõniers,
Diſant le Roy ainſi, alors quilz congnoiſtront
Le Siege y eſtre mys par le bruit quilz orront
Laſches ſerõt de cueur, & trop plus q̃ meſchãs,
Si pour les ſecourir, ne ſe iectẽt aux champs,
Mais deuant quil voulſiſt, ce faict executer
Comme doulx & humain, enuoya inciter
Les manãs de Riuolte, qua luy ſe vueillẽt rẽdre
Ou qua ſac ſeront mis, leur ville miſe en cẽdre,
La reſponſe fut telle, q̃ riẽs ne le craignoient
Car a tioys Mille deulx, Venitiens eſtoient
Qui leur auoiẽt promis, en peine de mourir
Quen bataille rengee, les viendroiẽt ſecourir.
    Quant le Roy entendit, leur obſtination
Dit a ſes Capitaines, pour reſolution
Ie abandonne Riuolte, les biens/ & la defferre,
A toùs bons Compaignons, qui la vouldront
conquerre,
Sauluez lhonneur des Dames, ieunes enfens
gardez,
Et des rebellans faictes, ainſi que lentendez.
    Adonc veiſſiez ces Ruſtres, effrontez comme
Biches
Diuiſer lung a lautre, Sang bieu nous ſommes
riches,
Lung dit ſe ie debuoye eſtre mys en quartiers
Si ne ſeray ie pas, au iourdhuy des derniers,
Nya cil qui napete, ſe trouuer au hutin
Tãt pour lhõneur & gloire, cõme pour butin,
    Or marchẽt en bataille, leurs enſeignes au vẽt
Venuz ſont a Riuolte/ le ſiege ont mis deuant

Les Canôs font aproche, auec les Canôniers,
Lefqlz mectêt ê oeuure Charpêtiers/Pyôniers
Qui tantoft affuftee, eurent Lartillerie
Et en lieu bien choifi, pour faire baterie.
Lors cômence a tirer, & faire tel tempefte,
Que le Camp de Venife, en peult ouyr la fefte.
Adonc de leur promeffe, leur alla fouuenir,
Mais oncques volunté, neurent de la tenir.
Auffi filz leuffent faict, commis euffent iniure
A leur faulce couftume, & mauldicte Nature.
Bien enuiz aux eftrâges, ilz tiendroient feaulte
Quât être eulx ne maitiênêt, amour ne loyaulte
Ceulx de Riuolte font, fur leur murailles en
armes
Côbatent vaillammêt, tienêt affez bôs termes
Foffes parfons & larges, eut autour de la Ville
Si creuz & rempliz deau, quil eftoit dfficile
De leur dôner Laffault, fans perte dangereufe
Mais ie vous diray chofe, a croire merueilleufe.
  Ains q̃ Lartillerie, tiraft iamais dix coups
Cinq ou fix Pyonniers, trofferêt fur leur couls
Leurs Pics habilemens, & adonc fe iecterent
Au trauers des Foffez, tant qua naige pafferêt,
Quelque ennuy quon leur feift, malgre la Vile
naille
Pafferent les foffez, vindrent a leur muraille
Ou a gros coups de picz, fi trefbien befoigne
rent
Que vng trou fut faict tantoft, par lequel ilz
pafferent,
Quant les Auéturiers, congneurêt le paffaige
Ce iectent dedans leau, & de paffer a nage

LE VOIAGE

En ce hatif deforde, leurs Chefz & Capitaine
Crient demourez Ribaulx, mais ilz perden
leurs peines,
Oultre les Foffez paffent, ne penfent au dan-
ger,
Car dix y demourerent, par faulte de nager,
Capitaines voyans quil ny auoit remede
Sonner ilz font Laffault, & tirent fort & roide,
Venitiens en armes, font deffus leur muraille
Attendans leurs fecours, frappans deftoc &
taille,
Haquebutes defchargët, & groffes pierres ruët
Deffus Auenturiers, qui dentrer fefuertuent,
La cõmenca Laffault, & trefcruelle Alarme
Durãt les Pyonniers, befoignent fort & ferme
Deulx ou troys troux ilz firent, & adonc a la
file
Commencent a paffer, & entrer a la Ville
Par Picques & Efchelles, les vngs montoient
a mont,
Et les aultres grippoient, par les Chaines du
Pont.
Or font Francoys dedans, qui par la Ville criët
A mort Traiftres a mort, Hommes & Femmes
fuyent,
Ceulx de la Garnifon, & aultres de deffence
Abaiffent leurs Enfeignes, commencent crier
France
Le Larron refembloiët, qui point ne fe repent
Iuc a ce quil eft prins, ou lors que lon le pent,
Helas ce fut trop tard, point ny eut damytie,
Car Cholere trop chaulde, excede la Pitie,

Lombars sont estonnez/& nont aultre science
Fors haulcer les espaulles/& piller Patience.
En raison se fondoient/parlans aux Gens de
Guerre,
Mais cestoit chault & froit, qui engendroit
tonnerre,

Qui vit adonc Normás/Gascons & Pyonniers
Visiter Garderobes/Chábres/Salles/Greniers
Bien pouoit maintenir/sans exceder Raison
Quoncques de telz Fourriers/neurent en leur
maison,

Gros nombre de Suisses/suruindrét au pillaig
Et Dieu sache comment ilz remuolét mesnag
Aultres choses ie laisse/a parler & descrire
Car ie croy quon en pense/plus que nen puor
roys dire.

Retournons au propos/ tant de gés arriuoiét
Pour entrer a Riuolte/que lung lautre estouf=
foient

Durant ces entrefectes/Lexercite du Roy
Munitions/Bagaiges/& tout autre Charroy
Sont venus campeger/ont leurs Estandars
mis

A deux mil dun coste/pres de leurs ennemys,
A vng mil de Riuolte/ & de Cassan a troys,
Ou lon conta au Roy/ les merueilleux effrois
Comme contre toute ordre / & maniere de
guerre

Les gens de pyed auoient/pour gaigner la des=
ferre

Prins Riuolte en vne heure/ Fossez passez a
nage

I j

LE VOIAGE

Ains que Lartillerie, euft faict trou ne paf-
saige,
Oultre plus luy fut dict, comme Alemans
mutins
Prenoient debatz contre eulx, a caufe des
butins.
  Le Roy confiderant, les maulx/deriffons,
Que aduenir y pouoit, par telz diuiffons
De fes Chefz principaulx, acoup il va tranf-
mectre
Pour apaifer le bruit, & par tout ordre mectre,
Mais riens faire ny peuuent, pourtant que dif-
ficile
Fut aux gens de cheual, entrer dedans la Ville
Murees eftoient les portes, & ny auoit que
troux
Par ou paffe auoient, a Pattes & a genoulx,
  Le Roy cecy voyant, y ouura aultrement
Car vne groffe Alarme, fift fonner haulte-
ment
Peu de gens y auoit, qui fceuffent lentreprinfe
Par quoy lon vit tantoft, en la Plaine &
pourprinfe,
Pietons courir aux Armes, Gendarmes a che-
ual,
Sembloit que tout deuft fondre, tant damont
que daual,
Le Guet lors febahit, Auantcoureurs feftonnés
Viuandiers fe retirent, Trompes & Fiffres fon-
nent,
Le bruyt adonc ouyrēt, Pietons, Auenturiers,
Qui a Riuolte furēt, faillent comme Leuriers

Habandonnans la Ville, fe iectent en Cam-
paigne
Tous chargez de Butins, fen vont foubz leur
Enfeigne.
En ceft eftat departent, fiers comme Prefidens
Mais a la departie, mifrent le Feu dedans,
Lequel foubdainement, en Laer fi trefhault
monte
Que Loft Venitien, le peult veoir a fa honte
Lors commencay a dire, quãt telles chofes vy.
Ie voy venger loultraige, qui fut faict a Treuy
A lheure de Lalarme, vint telle Pluye & Ton
nerre
Quil fembloit que le Ciel, voulfift noyer la
terre,
Ne fcay fi draps de Soye, Draps Dor y ont
gaigne,
Mais feur fuys que la Pluye, ny a riens efpar-
gne,
Le Marquis de Mantoue, ainfi cõme il difoit
Actaint de quelque Fiebure, dont fort fe dou-
loufoit.
Neautmoins que la Guerre, totalemẽt defire,
Par le confeil du Roy, a Caffan fe retire.
Le iour par quatre foys, le roy tint fon cõfeil
Car chafcun bien penfoit, veu le grãt appareil
Que Loft Venitien, faifoit de facouftrer
Quen bataille Francoys, voulfiffent rencõtrer
Grans bragues ilz faifoient, & fiere contenãce.
Mais de fortir en place, nully deulx ne fa-
ance.
Le lendemain qui fut le treziefme de May

LE VOIAGE

Par vng iour de Dimanche/Marquetz sont en
esmay
Bien pensoient quen leur Fort/on les voulsist
combatre
Mais le Roy entend bien/que ailleurs les con-
uient batre
Parquoy entre Riuolte & leur Camp a coste
Leur a le cours de leau/totalement oste
Dont lendemain contrainctz furent de deslo-
ger
Pour sen venir aux champs/en bataille renger
Le soir bon Guet on fist/ Renforce gros &
ferme,
Touteffois iour & nuyct passerent sans Alar-
me

Cy Commance la Bataille du Roy Con-
tre les Venitiens faicte en la Plaine
Vella pres Daignadel.

L Vndi de May Le quatorziesme iour
Venitiens sans plus faire seiour
Leuent leur Camp/habandonnent leur Fort,
Ce neautmoins qui leur en greuast fort,
Mais ainsi est que aduertiz ilz estoient
Comme Francoys au plus matin partoient
Gaignans pais pour leurs viures trencher
Et oultreplus quilz pretendoient marcher
Iusqua Caruas, voire iusques a Bresse
Silz ne trouuoient qui rompist leur adresse,
Parquoy sachans quilz pourrôt estre encloz
De Lost Francoys & de viures forcloz

Laiſſent leur Fort/ſe iectent en auant
Pour les logis aller prendre deuant
Vers Pontdoye lequel congnoiſſoient fort
Pour eulx parquer & faire gros Renfort
Car Deſpions bien eſtoient aduertis
Comme Francoys ce iour eſtoient partis,
Deliberez en ce lieu campeger
Puis lendemain Careuas aſſieger.
  Lors Daluiane & Petillane Chefz
Pour obuier aux dangereux meſchefz
Vers la minuyct font Trompetes ſonner
Mectez ſelles/& Tabours reſonner,
Adonc veiſſiez Enſeignes/Eſtandars
Iecter au vent/Genſdarmes & Souldars
Crians Marcou /tirans vers leurs enſeigne
Soixante Mil & plus en la Campaigne
Eſtoient armez/voire ſi ſumptueux
Quil neſt poſſible au Monde deſtre mieulx,
Canons/Perriers/Baſilicqs/ Couleurines/
Mortiers/Faulcons/& longues Serpentines,
Boulletz de fer/manteaulx/ barilz de pouldre,
Au charrier ſembloit tonnerre & fouldre,
Eſtradiotz au ſon de leurs bedons
Courent Cheuaulx/font bruire leurs Guidons
Saillent en laer/vont de ſi roide ſorte
Quil ſemble bien que Tempeſte les porte,
  Quatre Scadrons y eut en Lexcercite
Qui fiſt beau veoir/chaſcun Chef les incite
En leur diſant/auiourduy vous ſerez
Riches de biens/de gloire parez
En ceſt eſtat marchent de grant couraige
Deliberez ſilz treuuent le bernaige

I iiſ

LE VOIAGE

Du Roy Francoys luy donner telle rencontre
Quil ne pourra refifter a lencontre.
    Le propre iour Loys Douziefme Roy
Du plus matin fift marcher fon charroy
Par tout preuoit/meſt ordre en fon affaire,
    Comme celluy qui telz aſtes fcet faire
Auant garde/Bataille/Ariere garde
Il reuifite/& de tout fe prent garde.
Parmy Loft faiſt crier que nul viuant
Soit fi hardy de marcher en auant
Auec le train de fon Artillerie,
Touchant le faiſt de fa Gendarmerie
Confeille/enhorte/& tel ordre leur baille,
Quoncques Cefar ne fift mieulx en Theffalle,
    Apres auoir ainfi que vng Charlemaigne
Reuifite Lexercite quil maine.
Fiffres/Tabours/Trompes/Cors/& Clerons
A faiſt fonner/Lors grans coups defperons
Donnent de hait Cheualiers & Vaffaulx,
Quilz naſtendoient fors les mortelz Affaulx,
Pouldres volloient Pānunceaulx & Enfeignes
Luyfent au vent par vaulx & par montaignes.
    Auenturiers/Gafcons/Normans/Picars/
Garniz de traitz/picques/voulges & dars/
Marchent auant/& leur tarde beaucoup
Quilz ny font ia/pour mieulx faire leur coup
En ordre tel/tel triumphe & honneur
Marchoit le Champ du Souuerain Seigneur,
Par tous moyens cherchent de rencontrer
Venitiens pour fa vertu monftrer.
Ainfi chafcun pence auoir du meilleur
Car Noble cueur qui ne tend qua valleur

Ne doubte ou craint de Guerre le hazart,
Mais touſiours prent le meilleur de ſa part.
  Or ſont Francoys des troys heures ſur cháps
Lundi matin en bataille marchans,
Vng mil & plus de bon pays trouuerent,
Mais toſt apres mauluais chemins paſſerent,
Comme Mareſtz/Vignes/Praeries & Bledz,
Enuironnez de Foſſez/deau comblez
Tant que paſſer ny pouoit le Charioy
Sans grande peine & merueilleux deſroy,
Bref tout le Camp ou nauoit que remordre,
Paſſer ny peult ſans dangereux deſordre,
Deulx Mil & plus furent en ceſte peine,
Puis on trouua belle Praerie & Plaine,
Adonc veiſſiez marcher en ordonnance
Le Camp Francoys/ceſtoit vne plaiſance,
Car non obſtant que fuſt toutes campaignes,
Sembloit Foreſt de Picques & Enſeignes.
  Daultre coſte a deulx Mil coſtoyans
Eſtoient Marquetz en armes flamboyans,
Vont a couuert par petites Foreſtz
Entre deux Oſtz/Prez/Vignes/& Mareſtz,
Tendans loger chaſcun en vng meſme eſtre,
Mais or verrons tantoſt qui ſera le maiſtre,
Car Seize Mil & plus y logeront,
Qui du logis iamais ne partiront,
Venitiens marchans/pais canonnent
A coups perduz/tant qua congnoiſtre donnét
Quilz viennent droit/ou q̃ pres ilz eſtoient,
Ou poſſible eſt que abuſer ilz vouloient
Le Camp Francois pour premier campeger
En Aignadel ou pretendoient loger.

                                        I iiij

LE VOIAGE

Mais le Roy (pource) oncques ne sarresta,
Ains marche auant, & tant bien exploicta
Quen Aignadel son auant garde arriue,
Venitiens estoient de lautre riue
Quatre Scadrons eut en leur Excercite,
Dont le premier estoit soubz la conduicte
De Petillan, dont chascun tenoit conte,
Lautre menoit Bernardin du Mont Conte,
Le tiers Messire Anthoine dict de Py
Et puis le quart Seigneur Bartelemy.

Or sont venuz Marchans moult fierement
Pres Aignadel, Francoys semblablement,
Qui espioyent leur geste & contenence
Fiere pour vray & de grant arrogance,
Oultre plus voyēt les Enseignes Sainct Marc
Qui la taschoient se renforcer en Parc.
Monsieur le grant Maistre Seigneur de pris
Manda au Roy que le logis est pris
Lequel respond & dit au Messaiger,
Certes il nest question de loger,
Mais de chocquer en mortelle Bataille
En quelque lieu que leur Excercite aille
Ains que Soleil soit couche lon verra
Auquel de nous le logis demourra.

Response ouye eussiez veu Lauant garde
Marcher auant, chascun est sur sa garde,
Trompes Tabours adonc sonnent Alarme,
Nya Pieton, Cheualier ne Gendarme
Qui ne desire a leur semblant & geste
De se trouuer a la mortelle feste,
De lautre part Venitiens estoient
Gaignans pays & moult fort se hastoient,

Deliberez de renforcer la place,
Mais le Seigneur Iehan Iacques eut tel grace,
Qui congnoiſſoit les lieux & les deſtroitz
Qui les laiſſa entrer es lieux eſtroitz
Laiſſant paſſer les trois premiers Scadrons,
Pour mieulx tenir en ſerre ces Poultrons,
En tel facon/que Daluian dernier
Par ce moyen ſe trouue le premier.
  Alors a dit au Seigneur de Chabanes,
Mon treſcher filz ie voy que tu ahanes
Deſtre a repos/ne faiz plus de demeure,
Donne dedans/car ores il eſt heure.
Venitiens adonc voyent les Banieres
Du Roy Francoys marcher vers leurs frõtieres
Lors en bataille accourent alencontre
Dont commenca le terrible rencontre,
Car ſi Francoys marcherent en auant,
Venitiens leur vindrent au deuant
Si fierement qua bien tout eſtimer
Nulluy des deux on ne ſauroit blaſmer.
  En ceſt aſſault & ſenglante tuetie
Inceſſamment tiroit Lartillerie,
Si roidement de toutes les deux pars,
Que pluſieurs ſont occis/mors & eſpars.
Et nonobſtant que maintz coups ſadreſſerent
En la bataille ou pluſieurs gens tuerent,
Pource le Roy ne changea ſa ſemblance,
Neſon parler, couleur ne contenence,
Ains marche auant dung cueur ſi magnanime,
Que toutes gens leurent en groſſe eſtime,
Grans & petis doulcement il enhorte,
Ordre garder/voire de telle ſorte

Qne les vaillans/& plains de cueur renforce,
Et aux craintifz donne courage & force.
  Durant ce temps comme iay dit deuant
Tous les deux Oſtz marcherent en auant
Si rudement quau ioindre & aſſembler
Lon peult ouyr la Campaigne trembler.
Gens de Cheual par rencontre diuerſe
Donnent dedans/chocquent a la trauerſe,
Rompent les rencz, & la tout noble cueur
Seſuertuoit pour demourer vainqueur.
Lez vng foſſe fut le mortel chapplys,
Car les Francoys de courage remplis,
Totallement paſſer oultre ſattendent,
Mais ennemys fierement le deffendent,
A coups de traiċtz frappent/ruent aſſaillent.
Et les Francoys ſi rudement bataillent
Que les Marquetz eſtans ſur les foſſez
A grans coups ſont chaſſez & repouſſez,
Dautre coſte fut la grant eſcarmouche
De gens de pied, car quant vint a lapproche
Meurdre ſi grant firent & tel tuerie,
Que des mors fut couuerte la Praerie,
Dens les foſſez peult on veoir aterrez
Maintz poures corps de glaiues enferrez.
Car les Francoys touſiours marchoient auant,
Quelques foſſez quil y euſt au deuant,
Iettans, ruans coups ſi treſuertueux
Quil neſt Marquet qui dure deuant eulx.
  Lors on peult veoir les enſeignes de France
Gaigner le hault/combatent a oultrance,
Et tellement que Seigneur Daluiane
Voyant ainſi Larmee Gallicane,

Paſſer foſſez gaigner lauantage
Ses gens ralye & leur donne courage.
Oultre plus fiſt venir pour ſon renfort
Le tiers Scadron qui feiſt terrible effort,
Car la Palice auecques ſes gens darmes
Qui les foſſez par vertueuſes armes
Auoient paſſe pour leur donner la chaſſe,
Du tiers Scadron ſont trouuez en la place.
Dont la bataille adonc ſe renouuelle
Plus que deuant, aſpre/fiere, & mortelle.
  En ce confliát Pluye/Eſclerz, & Tonnoire
Suruint en Lair, quil ſembloit que la terre
Deuſt Abiſmer, car Canons plains de pouldre
Correſpõdoient au grant Tõnoire & Fouldre,
Voyre en facon quen ceſte orrible feſte,
Pluye ſembloit groſſe Greſle & tempeſte
Qui pour Francoys fut au deſauantage
Car droit le Vent leur chaſſoit au viſage.
  A ce renfort la tourbe dennemys,
Si groſſe fut que Francoys ſont remis
Et repouſſez ſur le bort des foſſez
Quau par auant a force auoient paſſez.
Lors le ſeigneur de Chaumont qui fut chef
De lauantgarde, en voyant ce meſchef
Manda au Roy que toſt le grant cours
Sans plus attendre il enuoyaſt ſecours.
Cecy oyant de Bourbon le Seigneur
Deſirant gloire & immortel honneur,
Va dire au Roy. Monſeigneur or voy ie lheure
Qua vous ſeruir il fault que ie labeure,
Si vous ſupply que de benigne grace
Vous me donnez conge que ie deſplace,

LE VOIAGE

Auec mes gens voz bons Penſionneres
Pour aller veoir vng peu noz aduerſaires,
Car iay eſpoir leur donner tel venue
Que deuant moy nauront point de tenue.

    Adonc le Roy luy a dit Beau couſin
Ie congnoys or voſtre cueur noble & fin,
Et ioyeulx ſuis quant vous voulez trouuer
En Camp mortel pour voz valleurs prouuer,
Or allez donc & penſez de bien faire,
Car apres vous ie menuoys a laffaire.
Adonc ſen part Bourbon de la bataille,
Vient au conflict/ou deſtoc & de taille
Noz ennemys auoient ſa Repouſſez,
Noſtre Auautgarde au deca des foſſez.

    Lors furieux/plus que Tigre ou Lyon,
Ou comme Hector/ſortant hors Dylion,
Pour aux Gregoys faire quelque dommaige,
Ce Noble Duc donna de tel couraige
Auec ſes gens quil a fait ouuerture
Des gens de Pied leſquelz miſt en rompture
Adonc chaſcun commenca crier France,
Car Lauantgarde a prins cueur & puiſſance.

EN ces conflitz & treſpiteux alarmes
  Euſſiez peu veoir/ Cheualiers/hommes
Darmes
A la grant preſſe/& plus ruddes vacarmes
Quil peuent choiſir
Donner dedans, Bref ceſtoit vng plaiſir
De veoir abatre & en terre geſir
Venitiens qui nauoient le loyſir
Deulx releuer,

Alors on vit Nobles Cueurs sesprouuer
Qui desiroient aux armes se trouuer,
Pour les vertus & vaillances prouuer
Par haultains faictz,
Helas que ceulx sont de gloire refaictz
Qui ce iour ont, porte le pesant faiz
Des durs assaulx/& coups qui furent faictz
En ces combatz,
Car a ce heurt Francoys ruerent bas
Hommes Cheuaulx, Rompent selles & bastz,
Parmy les Rues, vont cherchant les debatz
Et gros affaires.
Lauantgarde voit les Pensionnaires,
Auec leurs chefz, hardiz & voluntaires
Rompre & briser Lances & genetaires,
Dont prennent cueur.
Lors commenca le bruyt & la clameur.
Plus que deuant/car cestoit grant horreur
De veoir meurdrir en extreme fureur
Poures souldars,
Qui prindrēt mort soubz Lances & soubz dars.
Autres de Traitz/Darbalestes ou ars,
Autres naurez, demy mors sont espars
Par la praerie
Lung crie Iesus, lautre Saincte Marie.
Bref on ne vit oncques tel boucherie,
Car Daluian & sa cheualerie
Diminuent fort.
Parquoy transmet pour auoir du renfort
A Petillan luy demandant confort,
Et au Conte Bernardin/qui effort
Font dy aller

LE VOIAGE

Mais quant ont veu les enseignes en lair,
Du Roy Francoys, qui se venoit mesler
En leurs Scadrons, a peine ont peu parler,
Ains cueur perdirent,
Car si grant ordre en sa bataille virent,
Et tant de gens que de peur sesbayrent,
Tournent le dos/iusqua Bresse fuyrent,
Sans desbrider.
Lors eussiez veu grans Courciers desbarder
Haulx appareilz getter pour mieulx sayder,
Les plus hardys nosoient pas regarder
Qui les suyuoient.
La raison est/le loysir ilz nauoient,
Car si grant peur encor du Roy auoient
Que aduis leur est qua leur queue ilz le veoient
A la poursuyte.
Voyla comment Petillan print la fuyte,
Auec le Conte Barnardin & sa suyte,
Voyant le Roy en sa noble conduicte,
Et appareil.
Et tout ainsi que voyez le Soleil
Qui faict fleschir & clorre lhumain oeil,
Par son cler lustre exquis & nompareil,
Ne plus ne moins.
Venitiens sont de tremeur attains,
Yeulx esblouyz/tremblans de piedz & mains,
Par le regard du Soleil des humains,
Qui est le Roy.
Adonc fut veu/trop merueilleux desroy,
Car en Cannes, ou eut piteux conroy
De sang humain neust tant comme ie croy
De gens occis,

Lors Daluian voyant ſes gens tranſſis
De crainte & peur/dung courage raſſis
Leur donne cueur/mais Francoys endurcis
A la tuerie
Les aſſommoient, comme en eſcorcherie
Iuſquau plus pres deleur Artillerie
Dont par le Camp ſe lieue vne cririe
Deſſouyſſance
Pour les Francoys.car chaſcun crioit France.
Venitiens perdent cueur & puiſſance.
Les Cheualiers/gettent Eſcu & Lance
Pour mieulx courir.
Qui les vit lors des Eſperons ferir
Dire pouoit quilz vouloient conquerir
Quelque gros pris, dont on vouloit merir
Le mieulx fuyant.
Mais ainſi eſt quon les va pourſuyuant
De ſi treſpres/que ceulx qui ſont deuant
Vont louant Dieu, deſtre tant en auant
De peur des coups.
Car oncques gens ne furent mieulx ſecoux,
Sembloit Brebis qui fuyent deuant Loups.
Leurs eſtandars depainctz de leur Marcous
Iettent par terre.
En ce dur Choc aucun Ruſtre de guerre
Va rencontrer Daluian qui acquerre
Vouloit honneur/luy donne tel caterre
Qui le meƈt ius.
Auenturiers tout a coup ſont deſſus,
Qui de grans coups le rendoient tout confus.
Quant quelcun diſt, Seigneurs nen faictes plus
Car ceſt meſſire

Barthelemy, Quant ouyrent ce dire,
Lung le menaſſe/& lautre le retire.
Lung prent ſa foy/lautre le veult occire,
Ceſtoit horreur
En ce debat ſuruint aucun Seigneur
De guerre chef, qui comme plain dhonneur
A prins ſa foy loſte de la fureur
De ces Pietons.
Deuant le Roy tous leurs quatre Scadrons
Sen vont fuyant, Fancoys a leurs talons,
Sont tous les coups/qui de grans Horions
Les ont haſtez.
Oncques Paillars ne furent mienlx taſtez
Detaillez ſont comme chair a paſtez.
Les autres ſont de picques enhaſtez
Giſans enuers,
Troys Mil & plus, les champs furent couuers
Des corps meurdris/de tailles & reuers,
Par Boys, par Prez, & autres lieux diuers
Sont acablez.
Veoir on en peult les foſſez tous comblez,
Les autres ſont ſoubz pons, buiſſons, & blez,
Tant que du ſang les ruiſſeaulx ſont troublez,
Mais dauantage
Le Roy gaigna tout le gros chariage
Dartillerie/& maint autre bagaige,
Pouldres, Bouletz, Charretes & ſommaige
Voyla comment
Venitiens prindrent leur finement
Dedans le Camp de Vella proprement,
Pres Aignadel, ſeize Mil ſeullement
Y demeurerent.

De Cheualiers/Cent ou plus y finerent,
Cent prisonniers de fait en emmenerent,
Lartillerie,& leur Charroy gaignerent,

Rondeau.

AV Roy Loys douziesme de ce nom,
Des Gallicans Lenseigne & Goufanon,
Sur tous viuans est deu gloire & louenge,
Quant a mis ius,& rue par la Fange
Lost de Venise,& estainct Renom.

Villes/Chasteaulx ne diront plus de non,
Car plus doubte,est que Fouldre/ou Canon,
Puis le pays de soy mesmes se Renge,

Au Roy Loys.

Il a mis bas/ce rauissant Lyon,
Mieulx que les Grecz ne firent Ylion,
Hors de sa terre,& en pays estrange,
O vous facteurs parlans beau côme vng Ange,
Dhonneurs & loz donnez vng Million.

Au Roy Loys.

OR a tant faict le Roy par haultains faictz,
Quen troys lieux sont/Venitiés deffaictz,
En la premiere y eut grosse tuerie
Pres la Riuiere,autre en Lartillerie
Dedans leur Camp,& le dernier effroy
Fut en vng Boys derriere leur charroy.

k i

En ce defordre aucunes gens de pied
Apres auoir leur malheur efpie
Voyans leurs gens de cheual par tous lieux
Tourner le dos/fuyr a qui mieulx mieulx
Vont regarder que filz prenoient la fuyte
Quilz eftoient mors/moyennant la pourfuyte,
Defcarmoucheurs, & autres de Cheual,
Qui les tueroient/tant demont que daual,
Parquoy coucluent combatre/& fe deffendre,
Difans ainfi, Il vault mieulx la mort prendre
Face tournee/en frappant vaillamment
Que dos tourner & fuyr lafchement,
Parquoy adonc enfemble fe ferrerent,
Tindrêt bône ordre, & leurs picques croyferêt
Ainfi que ceulx qui auoient bonne enuye
Vendre leur mort/ tant comme eftoient en vie,
Mais ainfi eft que Francoys les accueillent
Si rudement que par force recullent,
Tant & fi bien quilz furent renuerfez
Tous lung fur lautre/& par terre pouffez
Lors euffiez veu en la plaine & Campaigne
De gens occis trop piteufe montaigne
Car fept vingtz piedz auoit de circuit,
Et de haulteur enuiron fept ou huyt,
Dont puis compter qua celle heurc ie vis
Piteufement les mors tuer les vifz,
Car les premiers furent fi bien ferrez
Que les derniers en furent atterrez,
Voyre eu facon que ceulx qui mors tomboient
Ceulx dedeffoubz (a la foule) eftouffoient.
   Picques vingt mil euffiez veu par les champs
Aupres des mors par la terre couchans,

Dont il fut faict plus de Mille Fagotz,
Qui pour ce iour vindrent bien a propos,
Car les Francoys en firent Feu de ioye
Pour eulx secher, les vngs cryoient Montioye,
Les autres France/autres prenoient plaisir
Par terre veoir leurs ennemys gesir.
La peult on veoit, de ce bien me recors
Dung seul regard plus de troys Mille Corps
Soillez/broillez de leur sang/ pluye & fanges
Nudz estanduz sans Draps/linges, & Langes,
Et les bastons du roy Treschrestien
Tains & Rougis du sang Venitien.
　Ainsi le Roy voyant ses ennemys
Gisans enuers, autres en fuyte mys,
Dung cueur deuot va commencer de dire.
O Dieu puissant mon createur & Sire,
Graces te rens, car bien scay quen tes mains
Gist la victoire ou malheur des humains.
Parquoy proteste a tousiours & maintiens
Quen as la gloire & non moy ny les miens,
Car de ton Ciel & souuerain Empire
A mes aduers as demonstre ton ire,
Qui la cause est que les auons deffaitz
Plus que Beffort de noz debilles faitz.
　Ces motz finiz tout Fangeux & moille
Du mauuais temps, des armes trauaille,
Se vint loger dedans vne Caisine,
Iouxte le camp, alors mainte Busine,
Trompes clairons la retraicte sonnerent,
Si haultement que Boys en resonnerent,
Car bien trois Mil Francoys estoient espars,
Les ennemys chassans de toutes pars.

　　　　　　　　　k ii

LE VOIAGE

Princes/Seigneurs adonc se retirerent
Deuers le Roy,& la moult deuiserent,
En collaudant comme gens vertueux
Les durs effors,& gestes sumptueux
Des conducteurs. Cheualiers & gensdarmes
Qui ce iour ont/porte le faiz des armes
Et la monstroient que tout louable fait,
De gloire ou don doit estre satiffait.

Rondeau.

EN Aignadel sur le Camp de la Vella,
Loys douziesme occist & debella,
Sans le secours Dempereur, Roy, ou Pape
Venitiens, leur donnant telle estrape
Que seize Mil & plus moururent la.

Daluian tint, Petillan recula,
Aussi lon dit en la gloire quil a
Que son cheual neut pas la goute grappe.

En Aignadel.

Et tont ainsi que Hercules affolla
Chien Cerberus quant aux enfers alla,
Le Roy Loys vint iusque en leur estappe
Les assommer, heureux est qui eschappe,
Car de trop pres les print & accula

En Aignadel.

OR eſt Daluian prins,& uaure au viſaige.
Le Roy la faict penſer,rendant bien pour
oultraige.
O grant humanite, Certes Berthelemy
Ne penſoit pas trouuer/ſi humain ennemy.
Car les iours precedens, au Roy mande auoit
Que de grans cheines dor/lye le meneroit
Iuſques dedans Veniſe, Helas or peult con=
gnoiſtre
Cemment oultrecuydance, en fin decoit ſon
Maiſtre.
    Le lendemain matin . le Roy au propre lieu,
Feiſt chanter mainte Meſſe, & rendre gloyre a
Dieu,
Inhumer les Corps mors, Dont y eut ſi grant
nombre
Quon ne pouoit paſſer, a cheual ſans encōbre.
Ce iour vne Rumeur,vng gros Bruit, vng Va=.
carme,
Fut ouy par le camp,& ſi terrible alarme,
Quil ſembloit que ennemys/fuſſent ia de roᵒlez
Auecques les Francoys,en Bataille meſlez.
A ceſte grant clameur, euſſiez peu veoir en ar=
mes,
Pres le logis du Roy,plus de Mil hommes dar=
mes.
Leſquelz en vng inſtant, furent en ordonnāce,
Tous montez & bardez, ſur la cuiſſe la Lance,
Auenturiers veiſſiez,en leur ordre parquez
Tous preſtz en vng moument, de donner &
chocquer
Daluiane pour lors,eſtoit a la feneſtre

                                    k iii

LE VOIAGE

De la maison du Roy, voit a dextre & seneſtre
Gensdarmes & Pietons/ mouuoir comme Formys,
Preſtz & deliberez, de combatre ennemys,
Lors commenca louer, lordre & celerite
De loſt & camp du Roy, mais plus lauctorite
Quil auoit ſur les ſiens, auſſi lobedience
De ſes Loyaulx Subiectz, monſtrans leur diligence.
Adonc diſt/ Beaulx Seigneurs, ne vous haſtez
tant ores
Car certes les Poultrons, par champs fuyent
encores.
Bien diſoit verite, car oncques ne ceſſerent
De picquer iour & nuyt, tant que Mer ilz trouuerent,
Encor dedans Veniſe, eſtoient ſi eſpeurez
Que de deux moys apres/ ne furent aſſeurez.
Ce meſme iour tranſmis, fut Seigneur Daluian
Loger a la Roquette, au chaſteau de Millan.
Oultre plus trente pieces/ de groſſe artillerie
Aux armes de Marcou, & de la Seigneurie.
A lentrer de Millan/ denffans plus de dix Mille
Apres Barthelemy/ crioient parmy la ville,
Au Poultron maledict, & ne fuſt les Archiers
Autant luy euſt valu, eſtre es mains des Bouchiers.
   De ceſte grant Rompture, & triumphant victoire,
Ceſt faict vng bruyt ſi grant, & ſi haulte memoire
Que climatz Chreſtiens, Turquie/ & Barbarie

Ont eſte aduertiz, de la Sanglant tuerie
De Loſt Venitien, & comment vng ſeul Roy
En camp les a deffaitz, & rauy leur charroy.
Le Pape dedans Rome, en ce fait ſe reſſoye,
Car Cloches fiſt ſonner, & faire feux de ioye.
Le Roy Deſpaigne auſſi/touteſſoys eſbay,
Selon ſa contenance ſe monſtroit reſſouy.
Le Turcq eſt eſtonne, le Soudam ſeſmerueille,
Qui peult eſtre ce Roy, qui aſſomme & tra⸗
uaille
Les Orgueilleux & fiers / les viuans de Ra⸗
pine,
Comme ſil fuſt le Fleau de Iuſtice diuine.
Celluy qui a rendu, Citez / Champs, & biens
Que detenoit Veniſe, aux Princes Chreſtiens,
Celluy qui ſeul a prins, voire hors de ſa terre,
Ceq̄ Pape / Empereur / ny Roy noſerēt querre.

VOyla comment les vngs auoient lieſſe
De lheur du Roy, & les autres triſteſſe,
Mais deſſus tout, ceſte noble Princeſſe
Royne de France.
Voyant leſcript qui donnoit congnoiſſance
De la victoire eut telle eſiouyſſance,
Quau lieu de pleurs, dont auoit iouyſſance
Par cy deuant,
Va tout ſoulas & plaiſir receuant.
Apres ſequiert au poſte ou pourſuyuant
De tout le faict, lors luy meĉt en auant
Comme le Roy
Son cher eſpoux a mis en deſarroy
Venitiens leur donnant tel effroy,

k   iiii

LE VOIAGE

Que feize Mil & plus gifent pour vray
Mors eftenduz.
Lors vers le Ciel a mains & bras tenduz
Difant mon Dieu, honneurs te foient renduz
Quant par toy font noz aduers confunduz
Par champs & voye.
Lettres adonc par toute France enuoye,
Ou doulcement a prier Dieu conuoye.
Grans & petitz & faire feu de ioye
En diuers lieux,
Ce que le Peuple a faict de cueur ioyeulx,
En louant Dieu qui leur a des haulx cieulx
Tranfmis vng Roy qui les rend glorieux
Par fes haulx faitz.
Ainfi la Royne afceu les grans effectz,
Heurtz, & combatz qui au camp furent faictz,
Dont fes efpritz font de ioye refaictz
Lefquelz nagueres
Souffroient tourmens & peines trop aufteres,
Dames par tout fen quierent de leurs freres,
Oncles coufins filz eftoient aux affaires
De la bataille.
A lune on dit que deftoc ou de taille
Lung y eft mort, lautre enclos en muraille
Tenant prifon, lautre donna fans faille
Au beau trauers.
Pref on y faict des comptes tant diuers
Que verite fouuent eft a lenuers.
Ainfi difent les couars & peruers
Sont plus hardis,
Pourtant men taiz & de ce plus nen dys,
Car toutes gens en feront eftourdys,

Mais retourner ie veulx aux points preditz
Comme le Roy,
De May Seziefine en triumphant arroy
A faict marcher fon Bernaige & Charroy
Pour a Caruas aller faire vng effroy
Dartiilerie.
Mais en chemin paffant par la Praerie
Eftoit horreur de veoir la boucherie
De poures corps de la Gendarmerie
Seigneurialle.
Le Roy adonc fans aulcuue interualle
Vient a Caruas, fa grace liberalle
Il leur denunce ou ruyne totale
A Glaiue & Cendre.
Obftinez font, ny veullent condefcendre,
Aux armes vont, penfans de fe deffendre,
Cecy voyant le Roy fans plus attendre
Faict bruyre en Laer,
Ses gros Canons, tant quil a faict trembler
Tout le Chafteau, & faict defaffembler
Murailles, Tours ta preftes a combler
Leurs grans Foffez.
Marquetz tiroient, faifans de maulx affez,
Tant plufieurs ont naurez & bleffez,
Mais a la fin tant furent oppreffez
Dartillerie,
Que les Souldars voyans la batterie
Ia fi trefgrande, & la Gendarmerie
Venir en breche & leuer la crierie
Des durs Alarmes.
Habandonne ont Picques & Guifarmes
Ne tirent plus que pleurs foufpirs & larmes,

Misericorde est le cry de leurs Armes,
O quel douleur.
Le Roy sachant que si en tel fureur
Ses gens entroyent ce seroit toute horreur
Rendre voulut Doulceur contre Rigeur
Leur faisant grace.
Ainsi sen vont/chascun de eulx se pourchasse,
Fors quatre ou cinq quon sist pêdre en la place
Pour & autant quilz estoient de la Race
Des Millannoys.
Ce propre iour de Villes deulx ou troys
Plus tost que tard/redoubtant telz effroys,
De Foy Dhommaige au Roy firent octroys,
Luy requerant
Que desormais il leur soit secourant
Encontre tous/le prenant pour Garant,
Ce quil promet/lors faict crier errant
Par toute part.
Que nul viuant sur peine de la hart
Naye a piller la valleur dun Liard
Sur les Citez qui tiennent de sa part,
Voyla comment
A son pouoir traictoit humainement
Bons & mauluais/tant que finablement
Le Bergame se rend totallement
Sans coup ferir.
Dont gloire rend a Dieu/quant conquerir
Peult ce Pays/sans plus veoir encourir
Mortel estour/auquel on peult perir
Dame & corps.
Aultres Chasteaulx/Villes/Citez & Fors
Du Cremonnoys/neautmoins leurs Renfors

Confiderant du Roy les grans effors
Et durs Vacarmes.
Apportent Chefz du Roy prennent les armes
Luy promettant eftre loyaulx & fermes.
En louant Dieu felon leurs ditz & termes
Deuoir tel Prince.
Difant qua luy appartient leur Prouince,
Non au Marcou qui iuc au Sang le pince,
Tant que le peuple eft deuenu fi mince
Quil nen peult plus
Le lendemain le Roy fift mectre fus
Son Oft & Camp/charroy pouldres bahus,
Pour deuant Breffe ainfi quauoit conclus
Liurer Affaulx.
Adonc veiffiez Cheualliers & Vaffaulx
Gaigner pays/trauerfer Mons & Vaulx,
Onc Alexandre en fes Conqueftz trefhaulx
Plus grant bernaige.
Dhonneur/bruit/los & haultain Vaffelaige
Ne mift fur champs/ne de plus grant couraige
Car en fes iours nauoyent point ceft oraige
De Feu & Pouldre.
Aux fons Denfer inuentee pour touldre
Vie aux Humais plus que Tonerre ou fouldre.
Cil quelle actaint fe peult bien faire abfouldre,
Car fen eft faict.
Vng Roy/vng Prince/vng Cheualier de faict,
Eft auffi toft quun icune enfant deffaict.
Contre fon Sort peu vault Darmes lefect,
Force & valleur.
Et croy que fi Hector fier batailleur,
Fort Hercules/Cefar grant debelleur,

Eſtoient viuans/auroient crainte & frayeur
De tel Tempeſte.
Et neautmoins onc ne flechiſt la teſte
Loys Douzieſme en faiſant ſa conqueſte,
Et quainſi ſoit il eſt tout manifeſte
Que pres de luy
En la Bataille eut maint homme brouy,
Eſpars en laer/touteſfoys eſbahy
Ne ſen monſtra/ains touſiours enuahy
A ſes Aduers.
Mais or lairrons tous ſes propos diuers
Et deduyrons comme au long & trauers
Villes/Chaſteaulx/& Bourgs luy ſont ouuers,
Et neautmoins
Ny veult loger pour les maulx inhumains
Quil en pouoit aduenir ſoirs & mains
Dauenturiers qui gluantes les mains
Ont comme colle.
Ainſi aux champs couchoit & ſi conſolle
Sans ſexempter moins quun Souldart du
Roolle,
En demonſtrant par effect & parolle,
Que conqueſteur
Doit des Conquis eſtre vray deffenſeur,
Dont pour tenir Villes/Chaſteaulx aſſeur
Gardes il mect/ſi que nul Tranſgreſſeur
Ne les oppreſſe.
Aulcuns Paillars ennemys de Nobleſſe,
Meurdriers dhôneur plains de laſche foibleſſe,
Pour deſrober lors vindrent faire adreſſe
A Trauailla,
Ou chaſcun deulx a piller trauailla

Tant que le Peuple extreme trauail a
Des tors & griefz/quilz perpetrerent la,
Car tout pillerent.
Poures manans vers le Roy se tirerent
Pleurans /crians/leurs affaires compterent
Dont le sien cueur tellement animerent
Que tout soubdain
Prent le harnoys/boute le Glaiue en main,
Plus que le trot auecques peu de train
Court deuers eulx/pour du mal inhumain
Prendre vengence.
En telle ardeur au beau milleu se lance
De ces Paillars sans doubter picque ou lance
Et tellement les vous naure a oultrance,
Que deux Suisses
Il mist a mort/chassa tous leurs complices,
Tuant/batant les rend en telz supplices
Que par Buissons/Caues/vieilz Ediffices
Ilz se cachoient.
Ceulx du pays qui si grans a tes voyent
Tout plaisir lors en leurs cueurs conceuoient,
Quāt pour leur Chef, tât noble Prince auoiēt,

Ainsi monstroit darmes la discipline,
Qui aux manans dōnoit couraige & cueur
De viure en Paix soubz sa Baniere & Signe,
Prest a tenir telles Loyx & doctrine
Comme il plairoit bailler audict Seigneur.
Lequel leur a faict ce bien & honneur,
De les reduyre a faire marchandise
Par tous Climatz/leur donnant tel franchise
Et libertez que Millannoys auoyent,

LE VOIAGE

Car par auant les Seigneurs de Veniſe,
Touſiours vſant dardante Couuoitiſe
Faiſoient leur train/dont le gaing receuoient

Breſſe ſachant que le Roy en bataille
Venoit liurer contre elle ſes effors,
Ce nonobſtant ſa puiſſante muraille,
Larges Foſſez/a fons de cuue & taille,
Tous remplis deau/Bouleuars & Renfors,
Eut crainćte & peur/doubtant les Aſſaulx fors
De lautre part reduyaſnt a memoire
De leurs Seigneurs la rapine notoire,
Les Cruaultez/Trayſons & Broulliz,
Et au rebours du Roy lhonneur & gloire
Et qua luy eſt par droit le poſſeſſoire
Laiſſant Marcou, prenent les fleurs de Liz.

Dont lendemain vers le Roy font adreſſe
Auquel genoulx flexis & Teſte nue
Ont remonſtre comment Peuple & Nobleſſe,
Et tous Eſtatz en ſa Cite de Breſſe
Ont de tous temps deſire ſa venue,
Et quil a bien leur voulente congnue
Long temps ya/mais par force & contrainćte
Leur a eſte/diſſimuler ſoubz fainte,
En eſperant comme aux Limbes les Peres,
Que vng Roy viëdroit de Erance la treſſainćte
Qui les mettroit hors le ſeruaige & crainćte
Du fier Lyon & mauldićtes Viperes.

Et ce diſant les Clefz luy preſenterent,
Comme a leur Prince & Seigneur Souuerain,

Daultres propos affez parlementerent,
Mais tant ya que ioyeulx retournerent
Dauoir trouue Roy tant doulx & Humain,
Adonc veilliez arriuer lendemain
Au Camp du Roy de Breffe la gentile
Grans Chariotz/qui venoient a la file
Chargez de Pai/de Vis/Chairs/& Formages
Le Roy fachant quil eftoit trefutile
Que gens de pyed nentraffent en la Ville
Gardes tranfmift pour mettre ordre aux Paffai
(ges.

Vng Mercredi de May vingt & troiffefme,
Dedans la noble & grant Citez de Breffe
Entra Loys de ce nom le Douziefme,
Arme a blanc, triumphant en proueffe,
Quatre bourgeoys exaltant fa Nobleffe,
Poifle Dhonneur deffus fon Chef porterent,
Arcs de Triumphe en plufieurs lieux drefferét
Quil fift beau veoir, mais ores vueil deduyre
Lordre de ceulx qui auec luy entrerent,
Et des manans qui au deuant allerent
Car ie le fcay mieulx que par ouy dire.

Deuant marchoit en grant deuotion
Tout le Clerge, faifant proceffion,
Moult decorez de Chappes auctentiques,
Preftres chantoient par iubilation
A la louenge & exaltation,
Du Roy Frãcoys, Motetz/ Hymnes/ Cãtiqs/
Chaffes/ Corps Sainɗs/ Ciboyres & Reliques,
Bãnieres/ Croix/ Cordeliers/ Moynes/ Carmes
Veilliez en ordre/ enfans portoient les armes

LE VOIAGE

Des Fleurs de Liz en petiz Eſtandars.
France criant qui neſtoit pas les termes
Des iours paſſez quant cryoient aux Alarmes
Marcou Marcou/donnât cueur aux Souldars.

Apres marchoiët deulx Cens fiers Hommes
darmes,
Graues pompeux ſuyuans leurs Eſtandars,
Le Train ſuyuoient armez de toutes armes,
Deux Cens Gentilz hommes, qui tenoient
termes
De Scipions/Camilles/ou Ceſars,
Drap dor fiiſe trenche par mille pars
Eſtoit pour lors, Courciers a bref parler
Inceſſamment pourbondiſſoient en laer,
Archiers de Garde ornez Dorfauerie.
Adonc veiſſiez Armes bruyre & croullet
Cheuaulx hennir/Harnoys eſtinceller,
Trompes ſonner/tonner Artillerie.

Princes & Ducz couuers Dorphauerie,
Armez/Bardez/montez a lauantaige,
Marchoient apres/drap Dor & Pierrerie
Se monſtroit/lors ſeſtoit toute faerie
Veoir ceſte Armee & triumphant bernaige,
Tous Nobles cueurs adonques firent raige
De faire ſaulx/vireuouſtes/ruades/
Trompes/ Clerons ſonnoient doulces Aulba-
des,
Au vent branſloient Enſeignes & Guydons,
Francs Cheualiers alors firent pennades,
Car ſoubz lacueil de plaiſantes oeillades

Courciers volloïét foubz grãs coups defperõs.

EN tel eftat/tel triumphe & honneur
Entra le train du Souuerain Seigneur
En fa cite magnifique de Breffe,
Au Palais vieil vint faire fon adreffe,
Ou il logea/les aultres fen allerent
Par leur logis. que les Fourriers marquerent,
Ou recueilliy furent a bonne chere,
Des habitans/& fans la vendre chere,
Car fans auoir efgard a mife ou fraiz,
A chafcun coup prefentoient le Vin faiz,
Dont les aulcuns arouferent faffrette,
Qui par longs iours en auoit eu fouffrette.
Hommes Darmes neurent a ce coup cher
Les Couurechefz & Draps blancs a coucher
Recompenfant les nuyctz & iours paffez,
Ou du labour auoient eu plus que affez.
Voyla comment a fouhait & a pofte
Chafcun traictoit humainement fon Hofte.
  Ce iour le Roy voulant bouter tel ordre
En tout fon cas quil ny euft que remordre,
Fift pour la nuyct Guet de cent hõmes darmes
Bien acouftrez/ pour doubte des Vacarmes,
Tant des Francoys/que de ceulx de la Ville,
Qui fut vng bien pour les deux pars vtile,
Car en faifant de luy tuition
Gardoit les Siens de faire oppreffion,
Qui caufe fut que le Roy par fix iours
Se tint a Breffe en tous plaifans feiours.
Ientens fans bruit/debat/noife/ou rumeur,
Dont deuant luy fortit plainte ou clameur.

LE VOIAGE

Ces iours durans lorgueilleuse Armarie
Au fier Marcou de la grant Seigneurie,
Ostee fut des Tours, Murs & Pallis,
Pour donner lieu aux Nobles fleurs de Lis,
En demonstrant comment Humilite
A de tous temps sur Orgueil limite.
    Le lendemain en triumphe suppresme
Ambassadeurs arriuerent de Cresme
Deuers le Roy, luy offrant par accordz
Hommaige & Foy ville, biens, ame, & corps,
Lors les receut promectant les tenir
Soubz sa seurete, & mieulx entretenir
En vraye Amour, Liberte & Franchise,
Que nauoient faict les Seigneurs de Venise,
Pourueu aussi quen toute Loyaulte
Se maintiendroient enuers sa Maieste.
Ce iour on fit remuer la Noblesse
Du Camp Francoys, a deux mille de Bresse,
    Apres soupper pour recreation
Le Roy voulut veoir lapprobation
De la beaulte de sa Cite de Bresse
Lantique & fiere Forteresse,
Qui ne fut pas sans gestes admirables
Considere les Murs inexpugnables,
Enuironnez iusques au hault de Terres,
Pour soustenir des Canons les tonnerres
Fossez parfons taillez, tant bas que hault,
A fons de cuue, ou iamais leau ne fault,
Fiers Bouleuers & doutables Renfors
Pour resister aux belliqueux effors,
Dont la iugea comme aux armes apris,
Ville de Guerre excellente & De pris.

Les iours dapres le Roy par bon conseil,
Pour departir fist tout son appareil,
Mais auant ce mist bonne ordre & police,
Touchant le faict de la Ville & Iustice,
Comme Officiers, Gouuerneurs, Lieux-
tenans,
Ou il acquist la grace des manans,
En demonstrant que le Chef belliqueur
Doit dessus tout des siens auoir le cueur,
Car comme dict le Romant de la Rose,
Qui est vng texte, ou napartient de glose,
Les Roys ne sont Sires de leur pays,
Quant de leurs Serfz & Subiectz sont hays.
Le Roy voyant que ia trop long seiour
Il auoit faict, vingthuitiesme iour
Du moys de May en pompe singuliere
Bresse abandonne & tire vers Pesquiere.
Or est ainsi quil auoit ia transmis
Par deuers eulx aulcuns Heraulz commis
Pour les sommer de reduyre la place
Entre ses mains, leur offrant toute grace,
Mais quau reffuz leur denoncent tont franc,
Plus quonques, mais Guerre a Feu & a Sang.
Lesquelz voyans ceste dure semonse,
Semblant nen font ains pour toute responfe,
Comme meschans extraictz de Villenaille
Monstrent leur Cul par dessus la muraille,
Proferans motz si villains & peruers,
Quil nest Autheur qui les couchast par vers,
Le Roy voyant leur obstination,
Leur fier Reffuz & diffamation
Tout anime, faict marcher son charroy,
L iij

Delibere leur donner tel effroy
Auec Lalarme ardante & si amere
Quilz vouldroient estre au ventre de leur mere,
Et croy pour vray que leur derission
Fut cause en fin de leur confusion.
Et pour autant quil sceut que vne Riuiere
Estoit aupres du Chasteau de Pesquiere,
Fist faire vng pont tel quil sceut ordonner,
Lequel il fist sur charettes trayner,
Quant & son train affin quil peult passer
Pour les enclorre & mieulx entrelasser,
Sy que nul deulx par deuant ou derriere,
De se sauluer ne peult trouuer maniere,
Et pour ce faire il a marche si tost
Que de grant heure est venu a son Ost.

La Prinse du Chasteau
De Pesquiere.

LE Roy lédemain fist/tout son Cãp desloger
A troys mil de Pesquiere/ est venu cam-
peger,
Le long du Lac de Garde/ dressa ses Pauillõs,
Donc a cler peult ouyr/les bruitz & carrillons
Des canõs & faulcõs/du chasteau de Pesgere,
Mais le Roy cõgnoissant/q̃ la musique entiere
Fournie nestoit pas/transmist tost alencontre
Ses Flustes de teneur/pour faire basse contre,
Le bon Seigneur Despy/maistre Dartillerie
Le Roy ya transmis/pour faire baterie
Auecques Môtcaute/ & ses Cinq Cés Picars
Aussi les Piõniers/plus ardans que Liepars,

Alors iectent au vent/ Enseignes/ Gouffanons
Se mectent sur les champs/ maynent six gros
Canons.
Aprochent de la Ville/ou dedans ne trouerent
Qui resistance fist/facilement entrerent.
Lors leur fut dict comment/ ceulx du Chastel
estoient.
Puis quatre heures sortiz/qui rauy leur auoiét
Grais/Formages & Chairs/au regart daultres
biens.
Les fuitifz de la Ville/ny auoient laisse riens.
Fräcoys dõques entrerét/sans debat ou hutin.
Qui bõs vins blãcs & clers/trouerét pour butin
Voyãs ceulx du Chasteau/comme Lartillerie
Son approche faisoit/pour faire baterie.
Tirét si rudement/quil nest homme viuant
Qui neust beaucoup doubte/ se fourrer trop
auant.
Touteffois Piõnniers/sans craidre telz hazars
Iusques sur leur Fossez/font Taudis & rãpars.
Tonneaulx plains de cailloux/grans Coffres
Bancs & Portes.
Charrettes & cheurõs/fustes longues & fortes.
De tout font leur Réfort/ce pendãt a couuert
Deulx Canõs on trayna/ p̃s de leur Bouleuert
Le feu dedãs on mist qui fist tel bruyt crouller
Quil sébloit q̃ les Dyables/cõbatissent en laer.
Le Donion en fremist/murailles renforcees
Descoups impetueux/font rõpues & froissees.
Le Lac en retentist/ campaignes en resonnét.
Tant que bestes/oyseaulx/& poyssons sen estõ
nent.

L iij

Marquetz tirēt Canōs/Arbaleftes debendēt,
Frācoys côte nen font/marcher auāt pretēdēt,
Tāt que tous leurs Canōs/ont mis & affuftez,
Qui tantoft les vous ont/chaffez & reboutez.

   Oyant le bruyt le Roy/côgneut biē q̃ fes gēs
Seftoient en ceft affaire/monftrez trefdiligens,
Parquoy toute la nuyct/fans que plus il arrefte
Defon Artillerie a faict/marcher la refte.
Qui toute prefte fut/des quatre heures matin
Par le cofte des champs/cômencer le hutin
Si orrible & bruyant/que ie croy quen Enfer
Tel Tonnerre nefont/Sathan ne Lucifer,
Ceulx de la Ville adonc/cômencent a refpôdre
Quil fembloit que la Ville/deuft abifmer & fon
dre
Deffenfes/ auantmurs/ Lucarnes/ Canōnieres
Lon faict voller en laer/auec noires fumieres
Ce pendant lon dreffoit/le Pont fur la riuiere,
Dont tantoft font encloz/tant deuant que der
riere,
Le Roy va arriuer/& adonc de plus belle
Faict bruyre fes Canōs/de forte fi cruelle
Quil ny auoit Souldart/oyant telle tempefte,
Que deffus les Carneaulx / ofaft monftrer la
tefte,
Le feu corrufque en laer/la fumee obumbroye,
Le fon gens efpouante/& la pierre fouldroye
Triboulet fol du Roy/oyāt le bruyt/ lhorreur,
Couroit par my la châbre/eut fi grande fraieur
Que foubz vng lict de Camp/de peur feft retirt
Et croy quencor y fuft/qui ne len euft tire,
Neft de merueille dōc/fi faiges craignēt coups,

Qui font telle tremeur, aux Innocens & Foulx
Triboulet fut vng Fol, de la teste escorne,
Auſſi ſaige a trente ans, que le iour qui fut ne,
Petit front & gros yeulx, nez grant, taille a
roſte,
Eſtommac plat & long, hault dos a porter
hote,
Chaſcun contrefaiſoit, chanta, danca, preſcha,
Et de tout ſi plaiſant, quonc homme ne faſcha

REtournos au propos, Francoys rudement
   tirent
Marquetz laiſſent leurs murs, aultre part ſe re-
tirent
Marcou ſouloiēt crier, & faire groſſes bragues,
Mais ores vouldroient bien, quitter harnoys
& bagues,
Plus dun mil entour eulx, ne voyent par les
campaignes
Que géſdarmes, pietōs, panōceaulx & ēſeignes
Canōs bruyre & tōner, Faulcons & Baſilicz,
Et Pietōs, groſſes tours, miner a coups de picz
Foſſez tous rép¹is deau, auoiēt grās & profons,
Tāt q̃ ruſtres de pye, plus rāpans que Griffons
Y ſont iuſques au col, ce neautmois approchēt
Souldars. Venitiens, ſur eulx ruent & deſco-
chent,
Vngs naurent autres tuent, touteſſois ſont paſ
ſez,
Mais quant vint a monter, la douue des Foſſcz
Ce fut bien la pitie, car pluſieurs y montoient,
Les dix ou douze pas, qui trēte en deſcēdoiēt,

Les vngs tumboient en leau, aultres deffus les
Picques,
Les vngs font réduz mors, aultres p̄ clus ethiͤs
De bras, iābes & piedz, aultres a force montét,
Qui Ponts & Bateriees, affaillent & affrontent
Du cofte de Veronne, a la porte des champs
Euffiez veu les Hillotz, comme beaulx chiens
Couchans,
Couchez le long des murs, defcochāt fi fouuét,
Que Marquetz nofoiét plus bouter Nez au vēt
Le Roy adonc voyant, cōment Aduenturiers
Nattendoient que paffaige, commande aux
Canonniers
Canonner fort & ferme, adonc fut vne horreur
Douyr bruyre & crouller, tel tōnerre & fureur,
Canons & Bafilicz / donnoient de fi lours hurs
Que fendre & efclater, font groffes Tours &
murs,
Nya plus nulz Rāpars, Defféce ou Cānōniere
Qui ne foient fouldroiez, & tumbez en arriere,
Venitiens Souldars, a ce bruyt & orraige
Vers leur Donion fen fuyent, perdent cueur &
couraige,
Frācoys de tous coftez, rōpent cōme Liepars,
Par Breches & Lucarnes, Murailles & Ram-
pars,
Au lieu du fier Marcou, qui fouloit baloier
Sur le hault du Donion, ilz ont faict def-
ployer
Et mettre vng linge blanc, fur le bout dune
Lance,
Qui de Mifericorde, donnoit fignifiance,

Certes ce fut trop tart, car ia Auenturiers,
Gafcons/ Normans, Picars, entroient de tous
cartiers,

Leurs Enfeignes au poing, Lors commenca la
larme

Par dedans le Chafteau, fi trefhorrible & ferme
Que ceftoit grant horreur/ veoir tuer & pour-
fendre

Poures Venitiens/fans nul a mercy prendre.
Tant fut dur le Chapplys/ quon oyoit par de-
hors

Les heurlemens & crys/ des miferables corps.
Par Chambres/ Salles/ Cours lon trouuoit ren
uerfez

Souldars mors & Sanglans, Des Glaiues tref-
percez.

Qui plus eft du Donion/ en ces mortelz debatz
Plufieurs furent iettez/ tous vifz du hault ēbas.
Les Canonniers du Roy/ Canonnoient encor
fort

Ignorans que Francoys euffent gaigne le fort.
Mais tantoft ont congneu/ les Francifques foul
dars,

Qui fur le hault des Tours, branloient leurs ef-
tandars

Les Glaiues tous fenglans/ pour donner a con-
gnoiftre

Au Roy leur fouuerain/ quelz gens ilz pouoiēt
eftre.

  Vne chofe y aduint/ bien digne de record.
Ceft que vng Venitien/ eftant naure a mort
En faifant les foufpirs/ de mort q̄ pres le touche

Cinq ou six Ducatz D or, escuma de la bouche,
Aduéturiers Francoys, quant ce faict aduiseret
Ne fault pas senquerir, si bien les visiterent,
Disant par la mort Bieu, ilz ont mange leur or
Cuydans en lautre monde, aller faire tresor.
Les aucuns commenceret, qui fut horrible cas
Ouurir ces pouures corps, pour chercher leurs
Ducatz.
O la grande pitie Car quatre cens & plus
Furent la despeschez, & de vie forclus.
  Ce Chastelain de la / aussi le Capitaine,
Pour la derrission, & response vilaine
Quilz firent au Herault, furent prins & sanglez
Puis deuant tout le monde, Penduz & estran-
glez.
  Dedans vne grant salle, se fist vne trainee
Que les Venitiens y auoient machinee.
Si tost que les Francoys dedans furent entrez,
Le feu par tout se print, dont tresmal acoustrez
Se trouuerent alors, car les planchiers tum-
berent,
Qui plusieurs gens de bien, naurerent & bles-
serent,
Le Feu se print aussi, sur le hault du portal
En vne tour carree, ou fist tout plain de mal,
Reste que le Chasteau, aussi vray que le dy
Fut batu des quatre heures, & prins deuant
midy.
  Le lendemain qui fut, de May le derrenier
iour.
Le Roy transmist des gens, dedans la grosse
Tour

Pour eftaindre le feu, qui par deffaulte Deau
Commencoit defia fort, embrafer le Chafteau.
Semblablement a faict, Inhumer les Corps
mors
Lefqlz on ne pouuoit, tirer pour le Feu hors,
Puis a faict de la ville, & Chafteau defloger,
Pietons, Adueturiers, pour aux champs Cam-
peger,
Aucuns de fes archiers, dedans il a tranfmis.
Ainfi en peu de iours, a par tout ordre mis.
  Le premier iour de Iuing qui fut le lédemain
Vint loger a la ville, auecques tout fon train.
Apres difner alla vifiter le Chafteau,
Lequel il a trouue, merueilleufement beau,
Mais encores plus fort, dót fefbahit beaucoup
Comme poffible fut le prendre fi acoup.
Mais refte quauiourdhuy, neft riens de Forte-
reffe,
Si dedans nya gens de valeur & proueffe.

Rondeau.

POur Foy garder, & riens dautruy pretédre
  Loys douziefme a delaiffe eftendre
Son bras vainqueur fur la riche Venife,
Laquelle lors il pouoit de main mife,
Vaincre & dompter fi a ce euft voulu tendre.

  Pade & Veronne ont bien voulu entendre,
Se rendre a luy, & pour Seigneur le prendre.
Mais a leur Prince en a faict la remife.

LE VOIAGE
Pour foy garder.

Sil euſt voulu ſur autruy entreprendre,
Comme autres font ſans doubte de meſprendre
Toute la terre euſt de legier conquiſe
Mais en ſuyuant Raiſon/Dieu & Legliſe
Suffit luy a de ſon pays reprendre

Pour Foy garder.

NOrmandie Herault / fut tranſmis a Cre-
monne,
Ia long temps y auoit, reſponſe eue belle &
bonne,
Mais vng cas y aduint, bien digne de memore.
Ceſt que eſtant a conſeil, dedans leur auditoire
Concluret dune voix/tant le grant que mineur
Quilz ſe rendroient au Roy/leur ſouuerain ſei-
gneur.
Reſte que vng Citadin/doppinion contraire,
Taſchoit par tous moyens/ leur voulente for-
traire,
Propoſant en conſeil/paroiles attraiantes,
Sans donner aucun luſtre/de raiſons ſuffiſantes
Le Senat congnoiſſant/ſon erreur & deffault
Aucun compte nen font, coclurent au Herault
Diſans quen tout honneur,& humble reuerence
Offroient a la couronne,& grant magnificence
Du Roy leur ſouuerain, non ſeullement la ville
Mais leurs biens ame & corps, & toute leur fa-
mille.
Le Citadin adonc, plain dobſtination

Voulut recommencer, faire narration.
Le contraire allegant, quant vng de laffiftence
Va tirer vng Poignart, difant ton arrogance,
Ne nous en gardera. Lors luy donna tel coup
Que mort a la renuerfe, il tomba tout a coup.
Ainfi monftroient au Roy, les manans de Cre=
monne,
Le defir quilz auoient/deftre foubz la courône
Ceulx du Chafteau ne vouldrent/a cela conde=
fcendre,
Difant quilz y mourront, premier quau Roy fe
rendre,
Cecy fachant le Roy y tranfmift les Picars,
Auec mille Suyffes, & autres bons Souldars,
Comme les Pionniers, Dartillerie bonne,
Pour batre & affieger, le chafteau de Cremône.
    Le deuxiefme de Iuing, en triumphe & hon=
neurs
Vindrent deuers le Roy des principaulx Sei=
gneurs,
De Veronne la ville, tant pompeux en habitz
Quil fembloit propremét, gros Scribes ou Ra=
bis,
De Veloux & Satin, Colliers & Chaines Dor,
Fallerez ilz eftoient, mieulx que ne dys encor,
Au Roy tindrent propos, conclurent en fub=
ftance
Que demourer vouloient, en fon obeiffance,
Lequel les mercia, de tel bien & honneur,
Prefent Lembaffadeur/de leur Prince & Sei=
gneur,
Difant quen Lombardie, il neftoit pas venu

Pour occuper dautruy/le bien & reuenu,
Mais de rauoir le sien, pretendoit seullement,
Que Seigneurs de Venise, vsurpoiét faulsemét.
Apres ce leur promist, que pour la grant faueur
Alliance & amour, quauoient a Lempereur
Contre tous & vers tous, deffendroit leur Pro-
uince,
Autant que sil estoit, leur vray seignr & Prince
Puis leur dit en briefz motz, quilz feissent leur
deuoir
Aller en toute humblesse, Lempereur receuoir.
    Le quatriesme de luing, iour de la Trinite
Les seigneurs de Cremone, en toute humilite
Vindrët deuers le Roy, lequel moult reuererët,
Et apres tous hôneurs, deuant luy alleguerent
Côme ilz auoiét este, en soucy doubte & crainte
Par le temps de dix ans, côme la féme ensainte,
Qui nattend que le iour, deureuse deliurance,
Pour estre en liberte, & parfaicte asseurance,
Ce qui est aduenu, apres present luy font.
En hômaige & en foy, de to⁹ les biês quilz ont,
Côme villes, maisons, temples, choses ciuiles,
Marchez/Riuieres, rues, hommes, femmes,
filz/filles,
Tant en diuinite, comme en humanite.
Non comme dung nouueau, mais danciennete
Retourne a leur Prince, & souuerain Seigneur
Qui aux hûbles pdône, aux fiers porte Rigueur
Le Roy lors les receut, en sa protection.
Comme les siens subiectz, adonc sans fiction,
Sur sainctes Euangiles, firent serment & foy.
Ce faict ont presente, leurs articles au Roy.

Lors genoulx prosternez, en toute esiouyssáce,
Cómencerent crier, deuát tous, France, Fráce.

LE Roy sachant par interualles
Comme le Chasteau de Cremóne
Estoit le plus fort des Italles
Imprenable a toute personne,
Voyant aussi qua sa coronne
Pourroit encores prouffiter,
Mande soubdain sans arrester
Au maistre de L artillerie
Quil nait a faire batterie.

Saige conseil, & meurs aduis
Pour deux raisons luy firent faire.
Le Chasteau voit a son deuis
Si fort quil nya que refaire,
Parquoy tacher a le deffaire
Neust este faict humainement,
Quant auoir le peult autrement,
Oultreplus il vouloit des siens
Fuyr la mort sur toute riens.

En celluy temps ancun noble hôme
De Cremone la bonne ville
Auec vne Dame quon nomme
Au pays ma Dosne Camille
Firent si bien leur apostile
Que sans faire aucun desarroy
Le Chasteau fut rendu au Roy.
Ainsi concludz quen cest affaire
Femme a sceu plus que force faire.

LE VOIAGE

A ce qui me peult souuenir
Fut vng bruit comme L empereur
Deuoit vers Pesquiere venir
Pour auec le Roy conuenir
De leur faict en toute doulceur,
De moy ie le tenois pour seur,
Si faisoit chascun ce me semble.
Le Peuple en deuise & sassemble,
Disant en ioyeuse faconde,
Ains six iours nous verrõs ensemble
Les deux plus grans Princes du mõde

Ces six iours vont, autres six viénent
Mais de venir nestoit nouuelle,
Les parolles ne sentretiennent
Comme les propos se maintiennent
Car sur le Lac na nef ne voille
Si.M.ne se ioinct a.L.
Aux raisons ie ne my congnoys,
Fors que ie pense en mon Lourdoys
Que.L.en bruit peult au Ciel toucher
Et tant pompe en son cler harnoys
Que.M.de.L.nose approcher.

Le Roy seiournant sans repos
Attendant tousiours L empereur
Debat y eut prins sans propos
Entre les Normans & Hillotz
Qui ne fut pas sans grant fureur
Car en celle extreme chaleur
Vngs sur autres si bien donnerent
Quaulcuns sur le Camp demourerent.

Et tant que monſieur le grant Maiſtre
Ne leurs chefz qui ſus ſe ietrerent
Ny ſceurent onc remede mettre.

Aucuns le Roy en aduertirent
Qui ſoubdain vers eulx prent ſon erre,
Mais de ſi loing comme ilz le virent,
Ne fault demander ſilz fuyrent,
Et deſbenderent contre terre,
Bref il ſembloit que le Tonnoire
Les chaſſaſt, touteſſoys ie croy
Quil ny auoit auec le Roy
Que cent hommes/peu plus/peu moins
Alors ie dys(parlant au vray)
Plus eſt doubte Dieu que ſes Sainctz.

Voyant le Roy que Lempereur
Ne venoit point/ſe part de Peſquiere.
Adonc fut triumphe,& honneur
Douyr la bruyante doulceur,
De Clerons ſur Lac & Riuiere.
Maint Guidon,& mainte Baniere
Gettez alors furent au vent,
Tout ioyeulx chaſcun marche auant,
Car ny auoit au Camp perſonne
Qui neuſt vng courage feruent
De veoir la Cite de Cremonne

A bien verite Reſumer
Cremone eſt la plus belle ville,
(Ie dys ſans les autres blaſmer.)
Que lon pourroit gueres extimer,

                              M j

Et affise en lieu plus fertile,
Grande & noble, Riche entre mille,
De Peuple trefpuiffante & forte,
Quainfi foit a tous me rapporte
Quentre les Citez Capitalles
Elle eft de magnifique forte,
Autant que Ville des Itales.

   Les Manans & Bourgeoys dicelle,
Sachans que le Roy approchoit
Firent mainte chofe nouuelle
Qua prefent point ie ne reuelle,
Craignant que ennuyer y pourroit,
Nous refte que chafcun tafchoit
A faire oeuures trefautentiques,
Arcs triumphans a modes antiques
Furent dreffez en noble arroy
Enrichiz de dictz Rethoricques
Exaltans la gloire du Roy.

   Darmaries/Lys/& Hermines
Leurs maifons furent decorees,
Feneftres bordees de Poupines,
Dames blanches côme beaulx cignes
Plus que Deeffes fallerees.
Les rues couuertes & parees
De Soye, & Veloux quon tendit
Deffus vng grant arc viz vng dit
Que maintes gens louent & loueront,
Ceftoit. In propria venit,
Eum fui receperunt.

De Iuing iour vingt & troifiefme pour vray
Triumphant entra dans Cremone,
Loys le Trefchreftien Roy
Ou receu fut ainfi le croy
De cueur franc & volunte bonne.
Les vngs autour de fa perfone
Crioient en toute efiouyffance
Viue le Roy, les autres France
Mais deffus tous viz les enfans
Dela ville en belle ordonnance,
Dhabitz, & Cheuaulx triumphans.

Tout ou plus de liuree eftoient
Marchans tous foubz vng eftandart,
Des faulx & vouftes quilz faifoient
Les carreaulx en pieces volloient,
Chafcun pefoit vng Sallezart.
Mais tantoft veiffiez dautre part
Gentilz hommes Penfionnaires
Bondir Courciers & Genetaires
Faire Ruades & grans faulx.
Lors difoient ces Lombars miffaires,
Voicy Cefar & fes vaffaulx.

Le Clerge a Croix & Banieres
Y fut en grant folemnite,
Bourgeois/Marchãs/toutes manieres
De gens, en pompes fingulieres,
Marchoient felon leur dignite,
Le Roy en toute humanite
Acompaigne de tel nobleffe,
Vers le Dofme prent fon adreffe,

Ou il fist maint riche offertoire,
Rendant a Dieu gloire sans cesse
De sa triumphante victoire.

   Des banquetz, festes & conuis
Qui furent faictz ie me deporte,
Mais tant ya quil mest aduis
Que Cremonoys comme rauis
Traictoient Francoys de bonne sorte
Et bref tant que Litale porte
De villes, a ce que congnoys
Le bruyt ie donne aux Cremonnoys
Destre gentilz plains de noblesse,
Oultreplus les meilleurs Francoys
Quen Lombardie ie congnoisse.

   Francoys auec eulx se traicterent
Qui leur vint tresbien a propos,
Car tout le temps quilz demourerent
Deuant Pesquiere ilz ne coucherent
Que sur champs/le harnoys au doz.
Ores en Lict prennent repos,
Beaulx draps blãcs, & vin de coucher
Millaire riens ne leur tient cher
Boit auec eulx/par cy/par la,
Apres se mettent a prescher
De la bataille de Vella.
   Et Dieu scet si lung scet enquerre.
Et lautre encores mieulx respondre,
Disant Daluian print son erre,
Deuers nous fist trembler la terre
Qui bien sembloit que tout deust fondre

Mais tantoſt les vinſmes confondre
Petillan fuyt,& nous dedans
Miſſaire lors ſerre les dentz,
Prent vng baſton monſtre par geſtes
Quil euſt a tous Venitiens,
Dung coup trenche Iambes & teſtes.

Le Roy par trois iours demoura
Dedens Cremone ſa Cite.
Ou tant bien au faict laboura
De tous eſtatz que lamour a,
Du Peuple & gens dauctorite,
Tantoſt en grant ſcelerite,
Vng iour de Iuing vingt & ſixieſme
Se part,& en gloire ſupprefme
A Piſquiton vint a ſeiour,
Ville forte,& Chaſteau de meſme,
Et la demoura pour ce iour.

Lelendemuin fiſt ſon entree
A Creſme, Ville,& Forterefſe,
Bourgeoys vont a la rencontree,
Car oncques mais a leur contree
Nariua ſi haulte Nobleſfe.
Eulx arriuez veiſfiez ſans ceſſe
Courciers bondir & eſbranler,
Grans ſaulx & ruades en lair.
Dames de plaiſante faconde
De les veoir ne ſe peuent ſaouler,
Diſans voicy la fleur du monde.

Creſme eſt ville orgueilleuſe & fiere,
M iíí

LE VOIAGE

Plus que nulle autre Dytalie,
Fors Bouleuers, Muraille entiere
Pour a tous heurs tenir frontiere
De puiſſantes Tours embelye,
Et diroit on tant eſt pollye
Quelle fut baſtie en vng iour.
Foſſez a fons de Cuue au tour,
Grãs, parfons ou leau court ſans ceſſe.
Bref on dit que pour vng ſeiour
De guerre elle vault mieulx que Breſſe.

APres auoir par oeuures belliqueuſes
Par haulx exploitz & geſtes vertueuſes,
Acquis bruyt/Los. & fames glorieuſes
Dheur & victoire
Apres auoir par bras gladiatoire,
Mis ſoubz ſes piedz de Veniſe la gloire,
Tuez/chaſſez/iuſquen leur territoire
Ses ennemys.
Apres auoir ſoubz ſon ſceptre remis,
Villes, Chaſteaulx/faict dennemys amys
Prins leur ſerment, & par tout ordre mis
Loys douzieſme
Vint a Millan, orne de los ſuppreſme,
Gloires/honneurs/tant que ſon Dyadeſme
Reflamboyoit par le merite extreſme
De ſes haulx faictz.
Millannois lors/congnoiſſans ſes effectz
Dimmortel los, enrichiz & refaitz.
Diſoient voicy le parfait des parfaitz
Roy ſur tous Roys,
Voicy celluy qui des cruelz deſroys

Guidons rapporté/Enfeignes/Pallefroys,
Captifz/liez/Defpoillez & Charroys
De fes aduers
Voicy celluy qui par fes heurtz diuers
A mis Lorgueil de Venife a lenuers
Celluy qui aux fiers Larrons peruers
Faict rendre compte
Tant quil nya, Pape/Empereur/Roy/Conte
Qui naît fa terre a leur chetifue honte
Car ceftuy Roy tout lhonneur en affronte
Quant fans fecours
Seul les a mis de croiffant en decours,
Dont deuers luy deuons auoir recours.
Le receuoir en noz Palais & cours,
Ne plus ne moins
Que fut iadis Scipion des Romains,
Car dompte a, foubz fes robuftes mains
Le fier Lyon qui rongeoit tous humains
Par voye oblicque.
Ainfi parlans en triumphe autenticque
Vont aborder ce Roy tant magnificque.
Et adonc fut ma Dame Rhetoricque
Mife deuant,
Car la y eut maint homme treffauant
Qui maint beau mettre, a dit, en efieuant
Son bruit & los. Lors mifrent en auant
Comme leur porte,
Neftoit pas digne entant quelle comporte
Receuoir Roy de fi triumphant forte
Mais bien vouloient de leur Muraille forte
Rompre & caffer
Vng grant quartier pour par illec paffer
                                        M iiii

En demonſtrant quil faict fendre & froiſſer
Chaſteaulx & fors,& par terre verſer
A ſon venir,
Mais tel honneur ne voulut obtenir,
Ains les mercye/adonc firent venir
Chars triumphans pour la ſe contenir
En excellence.
Au premier eut pour ſa magnificence,
Hault eſleuee Chaire de preeminence,
Que ſouſtenoient Force/auecques Prudence
Et Renommee.
Lors vng Vieillart perſonne treſfamee
Dire luy vint, Ta victoire eſtimee
Par hault loyer,requiert eſtre embaſinee
De telle gloire.
Pourtant o Roy deternelle memoire
Monte laſſus au ſiege de Victoire
Qui conquis as par oeuure meritoire,
Et haulx labeurs,
Lors tout honteux leur a dit/beaulx Seigneurs
Au Roy du ciel en ſont deuz les honneurs,
Non pas a moy/le moindre des mineurs
Comme iadis,
Diſt Godeffroy de Billon le hardis,
Quant refuſa triumphes beneditz,
Lors quil conquiſt contre Payens maulditz
La terre Saincte.
Aux autres Chars eut denotance mainte,
Car chaſcun deulx portoit en ſon enceinte
Vne Cite taillee au vif & painte,
Repreſentantes
Les fors Chaſteaulx,& Citez treſpuiſſantes,

Que auoient conquis par Armes triumphâtes
En subiugant les forces belliquantes
Venitiennes.
O puissant Roy tous ces honneurs contemnes
En ensuyuant oeuures treschretiennes,
Laisses Trophees, & gloires anciennes,
Quant tu as prins
Pour harnoys dur ornement de hault pris.
Dun Satin blanc plus que Rose en pourpris
Monstrant que Hüblesse a eu sur Orgueil pris,
Et que bon droit
Est exalte de Dieu en tout endroit.
O Roy eureux qui bien narrer vouldroit
Tes haulx honneurs/certes tost y fauldroit
Mon rude sens.
Ce neautmoins employer ie consens,
Cueur/corps/vouloir/auecques mes cinq sens,
Car tant humain & benin ie te sens
Que auras esgard,
Que Clerc ne suis, mais seulement ay Lart
De rimoyer,& que mon vouloir art
De hault louer le tien Nom/que Dieu gard.

AInsi vestu,/luysant comme Cristal,
Sur vng Courcier blant Caparassonne
Entre a Millam/lors sembloit Hannibal
Ou Alexandre estant sur Bucifal,
En son Triumphe eureux & fortune
Vng aultre Curre au deuant fut mene
Plain de Guydons/Enseignes/Estandars,
Pauoys/Armetz/Cuiraces/Flesches/Dars/
Lances/Bourdons/Targes/Harnoys dorez,

LE VOIAGE

Onques Scipions/Pompees/ou Cefars
A Rome entrans/deffoubz triumphans Arcs,
Ne furent tant pour vng iour decorez.

Trompes & Buffines
Clerons & Doulcines,
Lucz/Rebecz/Orguines,
Tabours/Chalemines,
Sonnoient a mieulx mieulx,
Chancons/Motetz/Hymnes,
Louenges Diuines,
En voix argentines,
De geftes inffgnes
Du Victorieux,
En gloires condignes,
Douuraiges Turquines
Sarges Sarrafines,
Drap Dor/Soyes fines,
Decoroient leurs lieux,
Monftrans par leurs fignes
Maifons Pallatines,
Sans telles Courtines,
Dauoir neftre dignes,
Roy tant glorieux.

Haultains efpritz extraictz de Gentilleffe,
Nobles Enfans de Millan la Cite
Ornez veftuz en extreme richeffe,
Drap Dor/Velours efchiquete fans ceffe,
Pour demonftrer la prodigalite,
Deftriers/Genetz & Turcs dagilite
Dorphauerie haultement fallerez

Ruades/faulx/legiers deliberez,
Toufiours en laer, quant & quant la ruade,
Haulx a la main, pour dire vous irez
En telle Pompe eftans lors decorez
Deuers le Roy, vindrent faire Leftrade.

De Dames moult frifques,
Oeuures Deifiques,
Faces Angeliques,
Ouuroyrs & Boutiques
Dyaprez eftoient,
La maintz fantaftiques,
Amans Lunatiques,
Voyans telz Reliques,
Soubz regars obliques
Leurs yeulx repaiffoient,
Dhabis auctentiques,
Carcans magnifiques,
Pierreries antiques,
Par toutes practiques
Leur corps falleroient,
Puis en leurs Trafiques,
Dardoient comme Picques,
Regards Venericques,
Dont Amans Lubriques,
Ilz mortifioient.

Deuant marchoit en haulte preference
Tout le Clerge portant Croix & Bannieres,
Fiertes/corps Saincts/Reliques dexcellence,
Tous reueftus pour la magnificence,
De grans Chappes/riches & fingulieres,

LE VOIAGE

Freres Prescheurs/Cordeliers telz manieres
De Mendiens/Obseruans/piedz deschaulx,
Moynes noirs/blancs/comme charbons & chaux
Marchoient chantans/en grant deuotion.
Chanoines gras·Euesques/Cardinaulx,
Rouges de tout/dyaprez/de Cendaulx,
Deuant le Roy faisoient procession.

   Les Prestres chantoient,
Dieu magnifioient,
Le Roy exaltoient,
Pourtant quilz le voient
En gloires tant dignes,
Peuples lhonnoroient,
Enfans se ressoient,
Estandars portoient,
Qui despaintz estoient
De Liz & Harmines,
Puis France crioient,
Leurs voix resonnoient,
Si hault quilz percoient
Les cieulx/& volloient
Iuc aux Cours Diuines,
Tabours bedonnoient,
Cheuaulx hannissoient,
Les Cloches sonnoient,
Du Chasteau tiroient
Canons/Couleurines.

   Lors de Millan Iuges & Gouuerneurs,
Bourgeoys/Marchans/selon leur dignite,

Venoient apres/voire en si grans honneurs,
Quilz sembloient estre haultz Princes & Sei-
gneurs,
Veu des habitz la singularite
Tantost apres en grant solemnite
Suyuoit le train de Millan la Noblesse,
Adonc veissiez a la grant foulle & presse
Cheuaulx bõdir/ Carreaulx rompre & froisser,
Car soubz lacueil de ma Dosne Lucresse,
Ou de Camille, vng cueur plain de prouesse,
De faire saulx ne se pouoit lasser.

   La furent espars
En maintz lieux & pars,
Gratieux regars,
Plus persans que Dars
Qui plusieurs naurerent,
La ieunes Coquars,
Damours prins & ars,
Soubz cautelleux Ars
lecterent Brocars,
Qui puis proffiterent,
La Nobles Souldars,
Seruiteurs de Mars,
Sur Courciers/Hedars
Ardans com Lyepars,
Leurs bons corps monstrerent,
Dames en leurs parcs,
Soubz drap Dor Brocars,
Musequins/Minars,
Enrichiz de Fards,
Plusieurs engluerent.

LE VOIAGE

Apres marchoiét sur gros Cheuaulx montez
Archiers de Garde/en fiere Contenance.
Lors quatre Cens en nombre bien contez,
Portans (chascun) Hauquetons argentez,
Qui fist beau veoir marcher en Ordonnance
Leur Chefz de Guerre/aornez a plaisance,
De grans Sayons Dorfauerie couuers
Les conduisoient/ sur grans Courciers diuers,
Lesquelz en Laer durant ces entrefaictes,
Firent maintz saulx de hault/ long/ & trauers,
Impossible est coucher en Prose ou Vers
Les Pōpes grans/ qui pour lors furent faictes,

Musequins frians,
Petiz yeulx rians,
Regards attrayans,
Voyans ces puissans
Grans Archiers de Garde,
Disoient/ quelz Geans,
Vray Dieu quilz sont grans,
Fors comme Elephans,
Hardiz/ Triumphans,
Dieu les saulue & garde,
Ce sont gens ardans,
Grans & ieunes dans,
Pour aux ieux plaisans
Estre bien duisans
Sur quelque Bragarde,
Hardiz combatans,
Touz propos cessans,
Point de telz enfans
Ne portent noz Flans,

Ne terre Lombarde.

Bruyans apres ſur Courciers Genetaires
Venoiēt du Roy les deux Cens Gētilz hōmes,
Auſſi marchoient Pompeux Penſionnaires
Treſeſprouuez aux Actes Militaires,
Rompāt les Rengz/pour dire nous en ſōmes.
Iay veu & leu Chroniques/ Textes/ Commes,
Tant des Ceſars /comme tous aultres Preux,
Mais pour vng coup tant Dhommes vertueux
Nay leu enſemble en Hiſtoire ou en Conte
Si renommez Nobles & Valeureux.
Et quainſi ſoit le moindre de tous eulx
Peſoit vng Duc/vng Marquis/ou vng Conte.

Ieunes Mignonetes,
Doulces Sadinettes,
Plus que Poupinettes,
Sur Chaires proprettes
Leurs corps preſentoient
Faces/vermeillettes,
Petites Bouchettes,
Dures Mamelettes,
Comme deux Pommettes.
Alors ſe monſtroient
Poitrines blanchettes,
Plus cleres & nettes,
Quen May les Roſettes,
Oeillades doulcettes
Aux Amans tendoient,
Cheualiers honneſtes,
Rauiz damourettes

LE VOIAGE

De veoir telz Fillettes,
Comme les Mouchettes
Au feu brufloient.

Apres marchoient les triumphans
Charroys,
Portans Citez/Creme/Breffe/ & Cremonne,
Pefquiere, auffi Bergame, & aultres troys,
Monftrant quauoit par merueilleux arroys
Le tout remis foubz fon Sceptre & Coronne,
Bruyant apres tout deuant fa Perfonne
Marchoit le Curre au Siege de Victoire,
Cheuaulx, Chartiers, en hault honneur &
gloire,
Tous reueftuz de Iaune & Rouge eftoient,
Mais vne chofe eft digne de memoire,
Que chafcun Peuple au bruit triumphatoire,
De tous cartiers viue le Roy crioient.

Par diuers Eftaiges
Ieux & Perfonnaiges,
Monftrans les Bernaiges,
Belliqueux ouuraiges
Du Roy & haulx faictz,
Combatz/Vaffelaiges
Faictz en fes Voyages,
Selon les langaiges
Italiqs vfaiges.
Adonc furent faictz
Prinfes de Paffaiges,
Villes & Bourgaiges,
Et haulx Perfonnaiges,

Ores mis en Caiges,
Monftroient par effe&z,
Lors Millannoys faiges,
Difoient de couraiges,
O quelz aduentaiges,
De veoir en noz Caiges,
Le Chef des Parfaictz.

Deuant le Roy cent Suyfes marcherent,
De Iaune & Rouge aornez & veftuz,
Fiffres/Tabours adonques bedonnerent,
De grans Plumailz leurs teftes Fallerent.
Car chafcun deulx feftimoit vng Ponthus,
Quatre Bourgeoys renommez en Vertus,
Poille ont porte Dor riche & fumptueux
Deffus le Roy/lors le trefuertueux,
Comme vng Cefar en Gefte fe monftroit,
Regard plaifant/maintien Cheualeureux,
Port affeure/mais vng petit honteux,
Des haulx honneurs que chafcun luy faifoit.

Dames Souueraines,
De grant beaulte plaines,
Plus que Magdalenes,
Soubz doulces alaines
Profferoient de vray,
Dheur fommes certaines,
Et de ioyes prochaines,
Richeffes mondaines,
Quant en noz demaines
Auons vng tel Roy,
Come les Fontaines,

N j

Des Eaux de leurs Vaines
Rendent vertes/faines
Fleurs & Mariolaines,
Herbes & tout Moy,
Ses geftes Humaines,
Ses oeuures haultaines,
Rendent treffcraines,
Italliques plaines,
Dhonneur Gloire & Foy.

A Donc Prelatz/Cardinaulx/Archeuefqs,
Doyans/Prieurs/gros Abbes & Euefques
Ambaffadeurs/& Mille aultres auecques
Apres marchoient.
La euffiez veu Ieunes gens qui rampoient
Sur les Maifons/pour lardeur quilz auoient
De veoir le Roy/car quant laperceuoient
Subitement
France crioent/voire fi haultement,
Que fans mentir ie cuyde fermement,
Que leur vouloir parloit totalement
Comme la Bouche.
Ainfi marchoit de tout honneur la Souche,
Et tout ainfi que Aymant tire & approche,
Le Fer a luy/fans quen rien il luy touche,
Ne plus ne moins.
Ce Roy tiroit le cueur de tous Humains,
Voire en facon que les plus Inhumains
Parloient de luy/ comme iadis Romains
Du grant Pompee.
Difans voicy de Iuftice Lefpee,
Celluy qui a par armes extirpee

Du fier Lyon la Force/ & difcipee
Tant que pour lheure
Comment vaincu gemift.lamente,& pleure,
Car defgorger luy a faict mainte meure,
Dont fi trefmaigre & chetif il il demeure,
Que iay grant doubte.
Quauãt cinq ans ne foit plus bas quen foubte,
Car fe vng malheur fur vng homme fe boute,
Laultre eft a Lhuys/qui la fortie efcoute
Pour faire entree.
Voyla comment a cefte rencontree
Millannoys ont leur Amour demonftree,
Car onques mais en leur Ville & Contree
Si grant honneur
Na efte faict a Duc/ Prince ou Seigneur,
Ainfi marcha en tel gloire & honneur
Iufques au Dofme ou il vit de bon cueur
Au hault du lieu
A fa louenge vng grant Spectacle & Icu,
Entre de dedans,rendit graces a Dieu,
Tantoft fen part,meċt le pyed a Leftrieu,
Monte a Cheual.
Adonc veiffiez tant damont que daual
Chars triumphans,& le Conuoy Royal
Se raffembler.Lors tous en general
Vers le Chafteau
Prenent la voye,& adonc de plus beau
Lon vit ailleurs maint Miftere nouueau,
Cheuaulx bondir,foubz lacueil & appeau
De doulx regars.
En celluy temps Cupido par fes Ars,
Alloyt iectant par Feneftres fes Dars,

N ij

LE VOIAGE

Et par Ouuroyrs auoit Gluaux efpars
Qui attrapperent
Maintz gros Oyfeaux/qui la plume y laifferêt,
Ainfi marchans le Chafteau approcherent,
Mais ainfi eft quau deuant rencontrerent
Larc Triumphal, lequel ilz eftimerent
Vng Chefdouuraige.
Tant excellent & de fi hault parage,
Quonques a Rome/a Troye/ne a Carthage
Na efte faict par aulcun perfonnage
Arc de Victoire.
Si triumphant/ne de plus haulte gloire,
Bref on na veu tel Theatre ou Pretoire,
Et quainfi foit encor gift en memoire,
Que de haulteur
Cent Couldes eut/& Trente de largeur,
Chafcune Carre & chafcune Carreur
Auoit Cinq Arcs/figurez de couleur,
A mode Antique.
Ens & dehors par fubtile practique
Defpaincte eftoit/la victoire Auctentique
De ce hault Roy/Puiffant & Magnifique
Car hault & bas
Vous euffiez veu les Affaulx & Combatz,
Et Daluian en fes mortelz debatz
Prins Prifonnier/les hurtz & tarrabatz,
Dartillerie.
Comme Marquetz fuyoient par la Praerie,
Francoys apres/ardans a la tuerie,
De tel painture eftoit toute faerie,
Car feurement
Tout fembloit Vif/ne reftoit feulement

Que la Parolle/apres moſtroit comment
Tous Cytadins portoient benignement
Leurs Clefz au Roy,
En diuers lieux euſſiez veu le deſroy,
Comme Riuolte & Peſquiere pour vray
On auoit mis en trop piteux conrroy,
Par leur Orgueil.
Bref en ceſt Arc eſtoit depainct a loeil
Tout le conqueſt, Entrees & Recueil
Quon fiſt au Roy, dont plus parler nen
vueil,
Fors ſeulement
Quau hault de Larc fut taille viuement
Vng grant Courcier/ſur lequel proprement
Eſtoit vng Roy, arme triumphamment,
Lequel auoit
La main en Laer, dont le peuple diſoit
Que celluy Roy Veniſe menaſſoit,
Et quainſi ſoit ſon regard adreſſoit,
Droit comme Picque.
Ver les Climatz de Mer Adriatique,
En demonſtrant que celle Main bellique,
Corrigeroit Larrogance publique
Venitienne.
Ainſi ſoubz Larc de Triumphe ancienne
Paſſa le Roy, de Terre Gallicane,
Que pleuſt a Dieu que Anne Treſchreſtienne
La euſt eſte,
Pour auoir part a la Solemnite
Des haulx honneurs & grant dignite,
Que ſon Eſpoux en toute humanite
Receut alors.

                              N iij

LE VOIAGE

Lors du Chasteau sont ouyz les accordz,
Des gros Canons par si bruyans effors,
Que trembler font/Ville/Chasteau & Fors
De telle sorte
Que bien sembloit que la Fouldre les porte,
Lors Escossoys en toute la cohorte
Des garnisons armez vont a leur porte
Pour receuoir
Leur Prince & Roy que tant desiroient veoir,
La descendit, mais premier fit deuoir
Vers les Manans comme deuez sauoir
De rendre graces,
Lesquelz ioyeulx & tous rians en faces
Prindrent conge dessoubz graues audaces.
Adonc veissiez par Carrefours & Places
Gens se retraire.
Or vous ay dit sans aller au contraire
De verite/le triumphant mistere,
Ainsi que ay peu doeil & Plume distraire.

Vingt & six iours en plaisir & lyesse
Le Roy Loys seiourna sa noblesse
Dedans Millan/ou mainte gentilesse
Fut faicte lors,
Comme Tournoys, & gratieux effors,
Pour esprouuer les plus rudes & fors.
En exerceant aux faictz Darmes leurs corps,
Pour laduenir.
Aussi voulant Iustice entretenir
Qui faict les Roys regner & maintenir,
Tous Iusticiers vers luy a faict venir
Pour reformer

Aucuns abus,& iceulx informer,
De garder droit & Iustice former
Sans par faueur ou dons la difformer,
Faisant congnoistre
Que sans icelle on voit droit a seneftre
Vertus decheoir mal pulluler & croistre.
Et oultreplus fleftrir maint Royal sceptre
Tresfieuriffant.
Doncques ainsi ses vertus accroiffant
Mist ordre a tout,encores non ceffant
En Aignadel/ou le sien oft puiffant
Fift la mortelle
Dure bataille/afpre/fiere,& cruelle.
A faict dreffer vne belle Chappelle,
Pour & affin que memoire eternelle
En feuft toufiours.
Apres voyant que ia par trop longs iours
Dedans Millan auoit faict ses seiours
Iour de Iuillet vingt sixiefme print fon
cours,
Pour gaigner France.
Qui vit adonc la grant reffiouyffance
Que Fracoys ont/ceftoit toute plaifance.
Lung chante ou rit,& lautre en lair se lance
Tous resiouys
Lors euffiez veu Millan noys efbahis,
Triftes perplex comme gens enuays
Deul & dennuy,difans pouure pays,
Que feras tu,
Quant tu pers cil qui ta mis en vertu
Et par haulx faictz/orne & reueftu.
De ton pays, vaincu & combatu

Tes ennemys.
Ainſi Lombars ſont de plaiſir deſmis,
Et les Francoys en Ioye & Soulas mis,
Car bref verront Femmes/Enfans/Amys,
Et tous Parens.
    Lors Mulletiers & tous leurs adherens,
Pallefreniers/Charretiers/hors & ens,
Chargent Mulletz,ſe iectent ſur les Rengs,
Que tel Tempeſte
Ne fut ouy, car chaſcun menoit feſte
De ce depart,le Roy adonc ſapreſte,
Monte a Cheual , & ſans plus faire enqueſte
A Biegras vint.
Du ſeiourner treze iours luy conuint,
Car vne Fiebure adoncques luy ſuruint,
Ce neautmoins ſi treſbien luy aduint,
Que la Dieu grace.
Huitieſme Daouſt dudict Biegras deſplace,
Ainſi ſen part ſans ſeiourner en place
Plus hault dun iour,deſirant veoir en face
Anne ſa Femme.
Mais ainſi eſt que la treſbone Dame
Vint a Vigille,ou la de corps & Dame
Receut celluy quau Monde plus elle ame
Son cher Eſpoux.
Adonc ſont gros ſouſpirs & ſangloutz,
Regretz,ennuys,craintes,pleurs,& courroux,
Des iours paſſez,muez en plaiſirs doulx,
Ioye & Lieſſe.
Lors Cheualiers.Eſcuyers en Humbleſſe.
En doulx Baiſers vers Dames ſont adreſſe,

Den parler plus pour le prefent ie ceffe,
Car a vray dire
Le feul penfer vous en peult mieulx in-
ftruire
Que mes efcripz,& a tant doit fuffire,
Priant a Dieu le treffouuerain Sire,
Que heur & fante,
Ioye & plaifir doint a la Maiefte
Du Roy & Royne,& pardon/merite,
Gloire fans fin en haulte eternite.

Amen. .

Rondeau comprenant tout ce qui eft Efcript au Liure precedent.

EN moins dung Moys Loys douziefme
Roy
A rue ius le belliqueux arroy
Venitien/ rauy Lartillerie,
Daluian prins/chef de la Seigneurie,
Le tout occis/ou mis en defarroy.

Dedans Riuolte & Carreuas pour vray,
Pefquiere auffi fift vng terrible effroy,
De gros Canons & fenglant tuerie,

En moins dung Moys

Lan Mil Cinq Cens & Neuf/au moys de
May,
Villes/Chasteaulx mist en si grant esmay
Que sans attendre assaulx ne boterie
Rendirent Clefz, Bastons/Armurerie,
Entra dedans/print leur serment & foy,

En moins dung Moys.

NE TROP NE PEV.

Ce present Liure fut acheue dimprimer le
XXII. Iour de Ianuier. M.D.XXXII.
pour Pierre Roufet.dict le Faulcheur.par
Maistre Geufroy Tory de Bourges,
Imprimeur du Roy.

www.ingramcontent.com/pod-product-compliance
Lightning Source LLC
Chambersburg PA
CBHW070633100426
42744CB00006B/669